MUJER
PROTAGONISTA

Las palabras en negrita indican énfasis del autor.
Las definiciones son tomadas del Diccionario de la Real Academia Española (www.rae.es).

Edición: Ofelia Pérez

Mujer Protagonista
Sé la protagonista de tu propia historia
ISBN: 978-1-62911-640-2
eBook ISBN: 978-1-62911-639-6

Impreso en los Estados Unidos de América
© 2015 por Laura Teme

Whitaker House
1030 Hunt Valley Circle
New Kensington, PA 15068
www.whitakerhouseespanol.com

1 2 3 4 5 6 7 8 9 10 11 ꟽ 22 21 20 19 18 17 16 15

MUJER
PROTAGONISTA

SÉ LA PROTAGONISTA DE TU PROPIA HISTORIA

LAURA TEME

WHITAKER
HOUSE

DEDICATORIA

A mis hijas Yasmín, Jael y Abigaíl, a quienes Dios me dio la oportunidad de guiar y enseñar para que sean mujeres protagonistas.

Y a la memoria de dos grandes mujeres que marcaron mi vida con huellas imborrables: mi madre, Eva Bugni, cuyo amor me guió en los primeros pasos de la fe, y me condujo camino a la eternidad; y mi madre política, Norma Teme, que me enseñó que la vida es un viaje de constante aprendizaje, y que debo disfrutar.

AGRADECIMIENTOS

Quiero agradecer y reconocer primeramente a Héctor, mi esposo, el amor de mi vida, con quien disfruto una vida que no es color de rosa, sino mejor aún: una vida victoriosa y apasionante. Te amo. Soy mejor a tu lado.

A mis hijas Yasmín, Jael y Abigaíl: su amor incondicional llena mi corazón de alegría. Me impulsaron a buscar la mejor versión de mí. Mis princesas, ¡con ustedes, la lluvia es hermosa! Mientras aprendían a ser protagonistas me dieron tantas lecciones. Siempre estaré orgullosa de ustedes. ¡Son maravillosas!

A Javier Yunes, mi yerno: gracias, hijo, por ser parte de nuestra familia. Eres una bendición.

A Agustín: solo mencionarte me hace sonreír. Familia, ¡son lo máximo!

Quiero agradecer a mis hermanos Eva, Claudia y Juan José Bugni por su apoyo sin límites. Su presencia, a pesar de la distancia, me da seguridad y descanso. Sin ustedes mi vida no sería lo mismo.

A Xavier Cornejo: gracias por creer en mí. Tu visión y hombría de bien son una verdadera inspiración.

A Ofelia Pérez: tu brillante trabajo hace que lo demás parezca sencillo.

A mis maestros y maestras, quienes, sin darse cuenta, marcaron un ejemplo digno de repetir.

A todas las protagonistas que no figuran en la pantalla, pero son parte de la gran obra maestra de Dios y del libro de la vida.

A mis coachees, que me han permitido compartir algunas de sus historias.

A mis amigas, que enriquecen mi diario vivir.

Agradezco al equipo de MétodoCC. Han sido de gran soporte para que pudiera escribir este libro.

Y de una manera especial y aparte, le doy gracias a Dios, a quien amo profundamente, por darme la pasión y la oportunidad de ser posibilidad para que tantas mujeres ocupen el rol protagónico para el que han sido diseñadas. Sin Él, todo lo anterior no sería posible.

CONTENIDO

$\mathscr{P}$RÓLOGO

$\mathscr{H}$e visto a un inmenso número de mujeres pasando gran parte de su vida, si no toda, en el rol de víctimas. Muchas son víctimas de una niñez donde les repitieron que no valían nada, que eran inferiores, y que no podían aspirar a más. La sociedad, de una manera sutil a veces, obvia otras, les ha hecho creer que son indignas, menos inteligentes e incapaces. Lo triste es que con los años, sin darse cuenta, se convierten en víctimas de sí mismas. Más triste aún es que pierden su identidad en Dios. Se les va de las manos el hermoso destino que Dios diseñó para ellas cuando las creó como valiosas piezas de colección.

En su libro *Mujer Protagonista*, Laura Teme te estremece para que te percates de que te has convertido en víctima. Te invita a elegir ser lo que quieres e ir hacia el futuro que deseas tener, diseñándolo tú misma. El libro es claro: tienes la opción de elegir.

Laura nos dice: "La herida fundamental de la autoestima es la creencia de que uno no vale la pena. Esta es una gran mentira que jamás debes creer. Pensamos que no somos dignas de amor, que no merecemos el afecto ni el reconocimiento de los demás. Tenemos que aprender a desarrollar una autoestima basada en el diseño del ser, en nuestra valía como persona, por el hecho de ser, no por lo que tenemos o lleguemos a tener, aun como resultado de lograrlo…Eres valiosa porque eres, no porque haces". Más adelante dice algo que me encantó y que quiero que recuerdes: "Dios cree que tú vales. Por eso dio a su único Hijo por ti y por mí".

Aprovecha las valiosas herramientas que este libro te ofrece con tanta certeza. Toma control de tus emociones, y elige ser una *Mujer Protagonista*, una mujer segura de ti misma y de tu vida, con tu confianza puesta en el poder de Dios. Escribe tu libreto. Elige conocer el propósito de Dios para tu vida, sumérgete en su presencia y disfruta todo lo que venga a tu mano hacer para lograrlo. Esto te convertirá en una *Mujer Protagonista* que vence cualquier circunstancia porque está segura en los brazos de su Padre, Dios.

Norma Pantojas
Consejera Familiar y autora del libro
Los 30 Horrores que Cometen las Mujeres y Cómo Evitarlos.

INTRODUCCIÓN

Millones y millones de mujeres en algún momento de sus vidas han mirado una novela. Yo he sido parte de ese gran grupo de mujeres que en algún momento leímos una novela, o vimos y escuchamos con atención una teleserie de amor. Siempre me imaginé siendo un personaje de una de las novelas que leía de pequeña. Veía cómo el príncipe azul venía por mí y me llevaba a su castillo, y juntos formábamos una familia, éramos felices y comíamos perdices. Gran parte de esa novela sucedió en mi vida. Tuve mi príncipe azul, y juntos formamos una familia de la que estamos orgullosos.

Recuerdo siendo todavía jovencita, de novia con quien ahora y desde hace ya un hermoso tiempo es mi esposo, ver a mi futura suegra, siempre dedicada y amorosa, mirando una novela (Sí, ya sé, estás pensando que son palabras demasiado floridas para la futura suegra.). Te digo que son muchas las cosas lindas que podría contarte de esa maravillosa mujer, después de haberla conocido profundamente. Era apasionante verla trabajar y mirar cada capítulo de su novela. Y cuando tú le decías algo, ella pedía silencio diciendo: "¡Es la única novela que miro!".

Mientras escribo esto, me vienen a la memoria las repetidas noches que como familia miramos una y otra vez, sin dejar de llorar en ninguna de estas veces, la película *The Notebook* (La Libreta; ¡qué gran historia de amor!) o *Letters to Juliet* (Cartas para Julieta).

Era la historia de una joven a punto de casarse con quien llevaba tanto tiempo de novia. Él era un muchacho lindo, bueno, apasionado y enfocado por lo suyo. Ella era una periodista investigativa que anhelaba ser escritora, y estaba llena de proyectos y sueños. Y lo más importante: era consciente de un futuro que deseaba alcanzar con todo su corazón.

Ellos deciden hacer un viaje soñado a Verona, Italia, por cuestiones del trabajo de él. En medio de un paisaje único y maravilloso donde ella podía conectarse consigo misma y la naturaleza, pudo también conectarse con su necesidad de alcanzar el resultado que llenara su corazón. Sus pasiones: el amor y la escritura. Algo estaba faltando y ella por primera vez se vuelve consciente del gran vacío que había en su vida.

Comienza entonces a escribir una historia en la casa de "Julieta" (la de Romeo), donde conoce cientos de historias que mueven algo en su corazón. Una carta encontrada entre los ladrillos rotos aún conservados de la vieja casona, la conmueve de manera especial. La carta llevaba allí alrededor de cincuenta años, sin que nadie la descubriera hasta que llegó Sofía (la protagonista).

Una de sus pasiones comenzaba a completarse. Luego de ayudar a alguien a recuperar su sueño y un amor enterrado en el tiempo y las circunstancias, ella también descubre el verdadero amor que aunque parecía imposible, superaba todas las barreras.

Fue una protagonista de su vida; una historia que invita a ser y a descubrir tu propósito en la vida. Como esta, seguramente te acordarás de muchas películas o telenovelas que te han hecho reír o llorar, que te llenaron, y que te hicieron pensar que en la vida había mucho más que simplemente acostarse y levantarse, comer y trabajar. O ser la sombra de alguien más...

¿Y cómo no traer también la historia que atrapa nuestra atención? Esa mujer que vio el amor, pero solo por un instante, esa noche mágica que se convirtió en protagonista cuando fue buscada por todo el reino para probarle su zapato. ¡Cenicienta! ¡Ella era la protagonista! ¡Nadie más que ella! Otras deseaban ponerse su zapato, ¡pero ese zapato era de ella; de nadie más que de ella!

Ese zapato se convirtió en algo que llevamos grabado, no solo porque es el final feliz de una historia, sino porque forma parte de las protagonistas. Nunca hubiera sucedido la historia de la búsqueda de la doncella y de su zapato por todo el palacio, si primero ella no se hubiera animado a dejar su triste vida, resolver lo que le tocaba, saltar los obstáculos, e ir a la fiesta de su vida.

Nos gusta pensar en la cenicienta como una mujer protagonista, no solo porque su historia tiene un final feliz, sino también porque la trama tiene mucho de sus propias elecciones y su manejo ante las circunstancias negativas de la vida. Se puede ser una protagonista y esto no significa que todo será color de rosa o sin problemas, sino que habrá respuestas y soluciones, porque elegimos correr hacia la noche soñada con lo mejor de nosotros, convirtiendo cada adversidad en una oportunidad.

¡A esto me refiero cuando elegí escribir sobre la Mujer Protagonista!

Me he preguntado muchas veces si todas las mujeres han podido ser protagonistas de la historia que de pequeñas se crearon, leyeron o soñaron. Con los años, he visto a muchas mujeres que no han logrado vivir su sueño porque se han quedado como espectadoras del mismo. Creen que hay un sueño, una novela, creen que hay una serie de amor que está pasando por delante de sus ojos, pero solo se ven en ella como espectadoras sentadas en la comodidad de sus circunstancias, viendo cómo otras logran su sueño. No importa el papel que elegiste, la historia que escuchaste, la novela que amaste o con cuál personaje te identificaste, ¿has logrado ser protagonista de tu propia historia?

La mujer no tiene que ser una espectadora que solo aplaude los éxitos de otros. Tampoco tiene un papel secundario donde solo hace de apoyo para los demás. Hoy la mujer puede ser protagonista de sí misma, de sus decisiones, y también de su desarrollo en su comunidad. Ser protagonista no es solo una circunstancia o una reacción, ¡es una decisión!

Mujer Protagonista te dará las herramientas para que cuando suba el telón en tu vida, tú estés preparada para asumir tu rol protagónico.

Hay nueve pasos para llegar a ser una Mujer Protagonista y los veremos en este libro:

1. Dejar de ser una víctima.
2. Trabajar tu identidad.
3. Desarrollar tu autoestima.
4. Cargar tus baterías.
5. Ser una constructora de momentos.
6. Dejar de buscar ser perfecta para comenzar a ser feliz.
7. Intervenir tus estados de ánimo.
8. Construir una fe poderosa.
9. Cuidarte.

He coacheado a miles de mujeres, descubriendo que la gran mayoría de ellas vive la vida con una parte pequeña de todo su potencial. He disfrutado ayudando a mujeres que estaban en situación de víctima, de limitaciones, de depresión, de desánimo, de incertidumbre, a salir de esos lugares y comenzar a ser protagonistas de su vida, de su destino, de su historia personal.

He tenido también la oportunidad de ayudar a mujeres que habían alcanzado mucho, pero se quedaron en la meseta de la vida ante un cambio que las detuvo, y pudieron salir adelante, reconocer quiénes estaban siendo y elegir quiénes querían ser. Diferente a lo que podrías pensar, la mujer profesional que parece estar realizada no es necesariamente una Mujer Protagonista. Hemos visto en estos años a gran cantidad de mujeres exitosas, pero no protagonistas, porque puedes lograr el éxito y no vivir el rol protagónico en tu vida. Es un éxito temporal o aparente. El éxito real lo da una vida real. Es ser quien fuiste llamada a ser, y vivir el rol protagónico en la historia de tu vida.

Mujeres que lideran organizaciones, o que han llegado a desarrollarse y completarse en sus trabajos no llegan siempre a ser protagonistas. Otras que están en proceso, sí. Porque ser protagonista es vivir con pasión el proceso de elegir ser. No tiene que ver con las acciones o con las circunstancias de tu vida, sino con quién estás eligiendo ser.

Puedes, querida amiga, ser protagonista desde hoy, en medio de la adversidad, todavía detrás de tu destino, en sombras, yendo hacia lugares de bendición, pero aún en medio de escasez. Porque ser protagonista te define. No es una acción, sino una manera de ser.

Esa es la clave de ser una Mujer Protagonista: entender que tienes la opción de ELEGIR quién quieres ser, ELEGIR cómo quieres vivir y ELEGIR a dónde quieres llegar.

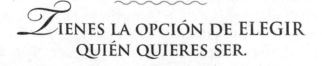

TIENES LA OPCIÓN DE ELEGIR QUIÉN QUIERES SER.

Mujer Protagonista es el libro que te ayudará a enfocarte en tu desarrollo, descubriendo más de ti, y eligiendo ser protagonista de tu propia historia. De la misma manera que he ayudado a tantas mujeres, déjame ahora ayudarte a ti.

Capítulo 1

¿Qué eliges ser: víctima o protagonista?

Había llegado el día. Luego de grandes esfuerzos y muchas noches sin dormir, subiría el telón. Su papel protagónico requería memorizar extensos libretos. Pero eso no era lo que más tensión le causaba, sino las veces que debía interactuar; ser quien se había comprometido a ser.

Mucho de su interior le decía que no saliera, que no daba con el perfil, que el papel era mejor para otra, pero ella había elegido hacerlo. ¡Quería hacerlo! A pesar de todas las limitaciones y conversaciones que cobraban fuerza en su mente, ella las debilitaba con la pasión y el deseo en su corazón, por la claridad de lo que quería. Cuando se presentó al casting, muchas mujeres habían llegado allí igual que ella. ¡Pero ella obtuvo el papel!

Eso no solo representaba el primer logro del nuevo camino, sino la opción de vivir la responsabilidad de hacerlo. Todas sus prioridades tuvieron que cambiar desde el momento que aceptó ser la protagonista: menos horas de descanso, muchas horas de trabajo, y la adrenalina que corría fuerte en su interior buscando sacar lo mejor de sí.

El telón estaba por subir y nuevamente pensó si realmente podía hacerlo. Pero decidió disfrutar el momento. Hasta allí había llegado y había dado lo mejor de sí. Nada la detendría. Probablemente algunas cosas le saldrían bien y otras más o menos, pero ella iría y se pararía delante de esa multitud, y sería la protagonista que había deseado, que había visionado, por lo que tanto se había esforzado.

La obra comenzó y para los que estaban sentados allí era el primer acto, mas para ella era la continuación de su plan. Ella era la actriz, era la protagonista. Daría su máximo y mostraría que se había preparado para ello, entregándolo todo.

El día anterior le llegó una información de su jefe. Debía ir y sentarse a ver esa nueva obra que estaban por lanzar. "Una más", pensó. Como crítica de teatro todos los días veía una obra. Le llegaba la invitación. Se presentaba en el teatro. Le daban una buena ubicación. Iba a paso lento hacia el lugar. Miraba la sala con emoción, y con apatía el escenario. Se sentaba en el lugar asignado, y esperaba que las cosas sucedieran. Era una espectadora, crítica de lo que sucedería en un rato.

Ella había deseado ser protagonista, pero las circunstancias y sus limitaciones la habían llevado a que solo fuera un sueño. Durante años, cada noche soñaba con pararse en el frente, mirar a la sala llena y mostrarle al público que ella tenía el rol protagónico. Pero había dejado que los problemas cotidianos y su falta de estudio, de preparación, fueran la mejor excusa para dedicarse a ser solo la encargada de hacer la crítica del espectáculo.

Era espectadora, y así había matado hace años a la protagonista que quería surgir de su ser. Cada noche hacía lo mismo. Miraba a aquella actriz protagónica y buscaba lo peor de ella, lo que no tenía, lo que no hacía bien. Para ella eso no era un proceso que se pudiera perfeccionar, sino un evento que debía juzgarse.

Había logrado llegar a ser una espectadora profunda, aguda, sentada en la silla de la crítica, analizando todo para detenerlo en el tiempo, y no para dejarlo correr y crecer. La crítica había hecho eso también con ella. La había detenido en el tiempo. Solo pasaba sus días pensando el nuevo evento que iba a cubrir como espectadora, y la crítica que les haría a los protagonistas.

Al ver la obra terminar, mientras los protagonistas sonreían de la mano considerando esa noche como un noble triunfo, ella como crítica espectadora se ponía de pie y se regresaba a su ayer, a la espera de volver a sentarse en una nueva obra para criticarla.

Ambas, protagonista y espectadora, viven el mismo momento desde dos lugares diferentes.

La protagonista vive el proceso; disfruta vivir y aprender de cada momento. La espectadora crítica solo ve el evento que juzgará. Ambas pasaron por el mismo lugar, pero eligieron lugares diferentes. Sus elecciones les hacen saber que viven en mundos distintos.

Es más fácil ser crítica que actriz; ser espectadora que protagonista. Mas si eres de las que toman el desafío de ser actrices principales de la ópera de tu vida, harás de cada momento, un tiempo único. Te lo puedo asegurar. ¿Qué eliges ser: actriz o espectadora? ¿Protagonista o víctima?

FELICIDAD, OBJETIVOS, VISIÓN Y SUEÑOS

A través de todos estos años trabajando con personas en diferentes ambientes, algo se me ha hecho muy claro: el motivo principal por el que hacemos las cosas es alcanzar la felicidad.

Sin embargo, al pasar de los días, meses, años, con el tiempo y las situaciones, nos encontramos con muchas áreas de nuestra vida en las que queremos ser exitosas. Y eso es bueno. El problema se presenta cuando nuestros objetivos individuales se desconectan de la visión mayor, del gran objetivo de ser felices, porque esa felicidad que buscamos no es necesariamente sinónimo del éxito que queremos alcanzar. Se complica aún más si nuestro objetivo de hoy atenta contra la gran visión o no está alineada a ella, y el objetivo del momento me está alejando de mi razón principal. A esto llamo yo la paradoja de la felicidad.

Una cosa linda que enseñamos en nuestras clases de diplomado de coaching cristiano de MétodoCC es cómo ir hacia el futuro de la mano de Dios, de una manera poderosa. En esos segmentos les mostramos la gran diferencia que hay entre ir por una meta o un objetivo, o ir por una visión. Aclaremos ahora estos conceptos, antes de iniciar tu proceso hacia ser una Mujer Protagonista.

¿Qué es esa visión mayor a la que deben estar alineados nuestros objetivos? Es lo que quieres lograr por encima de todo; el cuadro completo del futuro que puedes pintar y quisieras vivir. La visión es un punto de partida, no un punto de llegada. Es tu sueño; la gran meta de la vida. Es ese sueño al que le debes agregar pasión y acción para hacerlo realidad. Es ese pensamiento que debe ser flexible y desafiante. Debes saber que existe, aunque todavía no creas que lo puedes tener. Si puedes soñar con algo, lo puedes tener porque ya empezó a existir dentro de ti.

*L*A VISIÓN ES UN PUNTO DE PARTIDA, NO UN PUNTO DE LLEGADA.

Un objetivo es un punto de ese gran cuadro que es tu visión, que puede ser conducente a tu visión, pero igual puede estar desconectado de ella. Un sueño es aquello que tienes ganas de tener. En relación con la visión, el sueño es el deseo de ver completada esa visión. Y todo esto, ¿qué tiene que ver con el éxito y la felicidad?

El éxito está diseñado puntualmente; es focalizado de acuerdo a las elecciones que haces. La felicidad es el alcance de ciertas cosas que deseas. El diccionario define "felicidad" como estado de ánimo de una persona que se siente plenamente satisfecha por gozar de lo que desea o disfrutar de algo bueno. Digamos entonces que felicidad es un estado de ánimo que supone una satisfacción, pero es importante tener en cuenta que la felicidad es un concepto relativo y subjetivo. No hay un indicador que pueda categorizar la felicidad de manera general. Hay quienes harían cualquier cosa por lograr la felicidad, sin ver que al mismo tiempo que logran el placer o gozo inmediato, hacen imposible ganar el gran juego de "la felicidad".

Desde el punto de vista biológico, la felicidad responde a una serie de factores internos y externos que estimulan el sistema límbico. Aquellos elementos externos serán estímulo positivo según la interpretación que tú tengas de ellos. Así es que lo que para alguien es motivo de felicidad, para otro podría ser desdicha o indiferencia. Mira la importancia que se le atribuye a la felicidad, para que entiendas por qué concluyo que hacemos las cosas para buscar la felicidad.

La mayoría de los grandes autores hablaron de la felicidad, pero hoy quiero traerte a mención a dos de los autores que más respeto y admiro. El autor argentino Jorge Luis Borges[1] fue uno de los escritores más destacados de su época. En un determinado

---

1   Consultado en línea el 28 de agosto de 2015. http://www.britannica.com/biography/Jorge-Luis-Borges

momento en la reflexión de su vida dijo:

"He cometido el peor pecado que uno puede cometer: no he sido feliz".

El escritor colombiano Gabriel García Márquez,[2] Premio Nobel de Literatura 1982, dijo:

"No hay medicina que cure lo que no cura la felicidad".

Ambos gritan a viva voz, otorgándole a la felicidad un elevado valor y colocándola en un lugar irremplazable en el que podría faltarnos cualquier otra cosa, pero no ella.

Quiero que te tomes un instante, y escribas qué significa o representa para ti la felicidad.

Piensa en aquellas cosas que llenan tu corazón, que lo hacen latir más rápido, esas cosas que te quitan el aliento. Dado que tienes un propósito en la vida y el mismo es diferente al de cualquier otra persona, también será diferente la visión que haya en tu vida. Por eso el concepto de felicidad también responde a ese diseño individual, aunque seguramente tu definición de felicidad involucre a otros. ¿Lista? ¿La tienes?

*"N*O HAY MEDICINA QUE CURE LO QUE NO CURA LA FELICIDAD".

TU RELACIÓN CON LA VIDA

Ponemos una gran carga en las cosas que nos pasan. Nos preguntamos: "¿Por qué me pasa a mí?". Nos enfocamos en la si-

2   Consultado en línea el 28 de agosto de 2015. http://www.goodreads.com/author/show/13450.Gabriel_Garc_a_M_rquez

tuación sin darnos cuenta que de ese modo nos convertimos en parte del problema, y así no podemos ser parte de la solución. Las cosas que nos pasan son cosas que nos pasan. Lo verdaderamente importante es cómo nos relacionamos con eso que nos pasa.

A todos nos pasan cosas, pero ¿qué será lo que hace que una persona reaccione de una manera y otra persona reaccione de otro modo totalmente diferente? Son muchas las veces que tomamos una acción pensando que es nuestra única opción. Creemos que es nuestra única alternativa, y es así como aceptamos condiciones en una situación que jamás nos hubiéramos imaginado. Entonces ¿no será que pensar que no tenemos opción es un límite que nos ponemos, una historia que sellamos delante nuestro como si debiera ser de ese modo? O tal vez tomamos la opción más cómoda, fácil o rápida, o quizás es la única opción que podemos ver.

La verdad es que tenemos la capacidad y la libertad de elegir, y debemos ser conscientes de que podemos elegir entre aquellas cosas que vemos. Como seres humanos no lo vemos todo. Solamente vemos 180° de nuestro panorama, y así mismo tenemos 180° de ceguera. Mucho de lo que nos pasa no es por lo que no sabemos, sino por lo que no vemos. Necesitamos incorporar distinciones que nos permitan ver más para ver más opciones de donde podamos elegir. Recuerda que todo en tu vida depende de tus elecciones: tus objetivos y su logro; tu éxito y tu posibilidad de alcanzarlo; tu visión y tu oportunidad de completarla; tu sueño y tu posibilidad de tenerlo; y tu felicidad y tu capacidad de sentirla.

Aunque sabemos que todos recibimos las cosas desde el ser humano que somos y eso hace la diferencia, ¿por qué en una familia donde hay cuatro, cinco, seis hermanos, cada persona tomará acciones diferentes frente a lo mismo, aún habiendo recibido prácticamente la misma educación? Porque el comportamiento del ser humano es sumamente amplio, y cada cual hace sus elecciones.

Sin embargo, en ánimo de la postura de Mujer Protagonista que tú y yo queremos que alcances, tomaré el foco de dos posturas básicas en las que las mujeres vivimos alternadamente. En un momento estamos de un lado, y en otro momento estamos del otro lado. Muchas veces vivimos como víctimas, y otras veces vivimos como protagonistas.

¿Vives tu vida como víctima? Es muy probable que tu respuesta sea: "¡Por supuesto que no!". ¿O crees que vives tu vida como protagonista? ¿En qué postura estás parte del tiempo...o tal vez la mayor parte del tiempo? ¿Eres víctima o protagonista todo el tiempo?

Piénsalo. Con frecuencia creemos que vivimos como protagonistas, pero en realidad no tenemos fruto en nuestras vidas para sustentar semejante declaración. Si no vas a tener los resultados que quieres, estaría bien si ese proceso te pusiera muy feliz. Pero difícilmente vivas un proceso feliz de algo que te hace infeliz, si no estás logrando los resultados que buscas.

Cuando una no logra las cosas permanentemente, se siente frustrada. Aún cuando tengas un carácter fuerte, un temperamento que tiende a la perseverancia, y puedas tener una educación que te lleve a ser constante, de un modo o de otro al final de la jornada, te sentirás frustrada por lo que no lograste, porque de eso se trata la vida. La vida se trata de andar, de avanzar, de crecer, de lograr y de alcanzar. Hacemos lo que hacemos para lograr lo que queremos, y tener resultados para tener éxito. Si estas cosas no suceden, te vas a sentir incompleta, y cuando hay frustración, te sientes como una víctima.

Necesitamos reconocer en qué lugar de la vida estamos en determinados momentos. Así como la vida misma no es estática y estamos en un cambio constante, nos hallaremos alternadamente en uno de estos dos espacios: a veces como víctimas, a veces como protagonistas. No sé en cuál de estos dos lugares pasas más tiempo, si como víctima o protagonista, pero sería bueno y recomendable que empieces a tomar conciencia.

*L*A VIDA SE TRATA DE ANDAR, DE AVANZAR, DE CRECER, DE LOGRAR Y DE ALCANZAR.

Lo primero que tienes que hacer para superarte en la vida es autoevaluarte, y hacer uso de tu capacidad de auto observación.

Solemos tomar como verdaderas las cosas que los demás dicen de nosotros. Probablemente nos creímos las cosas que nos dijeron en el pasado y repetimos una imagen que ya no existe o que nunca existió. Permitimos que ciertos paradigmas nos condicionen. Los paradigmas condicionantes son maneras de pensar propias que nos resultan transparentes, y nos impiden entender otros puntos de vista. Son parte de nuestro modelo mental; esos supuestos que están arraigados en nosotros.

Un paradigma es el resultado de los usos, costumbres, creencias establecidas, de aquello que consideramos "verdad". Es ley hasta que es reemplazado por otro nuevo. Los paradigmas nos han sido impuestos primero. Luego nosotros mismos nos formamos otros para sostener los primeros, y así sucesivamente. También podríamos decir que son nuestras creencias limitantes, esas cosas que creemos que están profundamente en nosotros que no nos permiten crecer en determinadas áreas, y producen una recurrencia.

Por ejemplo, hay determinadas personas que regularmente tienen problemas con su trabajo; otras a quienes nunca les alcanza el dinero (y no estoy hablando de economía en este caso). Estoy hablando de un patrón de pensamiento que te lleva a la acción y termina produciendo una y otra vez, desde distintos ángulos, el mismo resultado. También podría ser el caso de aquellas personas que recurrentemente están faltas de fruto en sus relaciones.

Así que cuando parece que cambia la acción, en realidad estás accionando desde la misma observación, desde el mismo paradigma. Esto te va a producir el mismo resultado, siendo así el mismo tipo de observador que en la acción anterior, y producirás acciones que te llevarán al mismo lugar.

PROTAGONISTA VS. VÍCTIMA

Hay muchas diferencias entre las dos posibilidades de ser protagonista o ser víctima, y aunque se vean muy opuestas, son también sutiles. Muchas veces la víctima se presenta con el aspecto de la protagonista.

Mientras encontraremos a la víctima quejándose, veremos a la protagonista buscando soluciones.

*L*A SOLUCIÓN NUNCA SE ENCUENTRA DETRÁS DE UNA QUEJA.

Muchas veces tenemos la equivocada idea que el hecho de quejarnos traerá una solución por el solo hecho de haberlo expresado. Si bien es bueno hablar las cosas que te pasan, debes hacerlo de la manera correcta, con la persona correcta y en el momento correcto. Lo cierto es que la solución nunca se encuentra detrás de una queja. Hasta podría obstaculizar la posibilidad de encontrar una solución, porque la queja está más parada en el sentir de la persona que en la situación o cosa a resolver.

La actitud de víctima es decir: "No puedo". La protagonista dice: "¿Qué más puedo hacer para lograrlo?". La protagonista busca lo que está faltando y trabaja para alcanzar el éxito.

Dios garantiza que suplirá todo lo que nos falta conforme a sus riquezas en gloria en Cristo Jesús[3]. ¡Qué promesa más maravillosa! Eso significa que Él, por causa de su promesa, suplirá lo que me falta. Claro que mi responsabilidad está en hacer mi parte, no importa cuán grande o pequeña sea. Verás: para que Dios pueda suplir lo que te falta, es necesario que primero tomes una acción.

La víctima cuida su zona de confort. La protagonista está dispuesta a enfrentar los retos de la incomodidad para crecer.

Si estás demasiado cómoda en el espacio que te encuentras y te estás preguntando por qué no estás alcanzando determinado objetivo, o no está sucediendo en tu vida aquello que esperas que suceda, la respuesta es que el plano del éxito nunca invade tu zona de confort. Es solo cuando sales de tu zona de confort cuando invitas al éxito y a los resultados a hacerse presentes en tu vida.

La víctima se esconde y esconde sus debilidades. La protagonista está dispuesta a exponerse para lograrlo.

Si tomas tiempo para esconder tus debilidades, estarás dificultando el camino para fortalecerte. Podría ser que nunca logres ser la mejor en esa área, pero de seguro sabrás encontrar la ayuda necesaria para completarte. Solemos decirle a las personas que entrenamos: "¡El que expone se expone!". Si vas a

---

3   Filipenses 4:19

hacer algo en la vida, cualquier cosa que sea, deberás exponer y entonces quedarás expuesta. De esa manera estarás lista para aprender y crecer en libertad.

"¡*E*L QUE EXPONE SE EXPONE!"

Una mujer protagonista se atreve a desempolvar y a avivar sus sueños y pasiones. La víctima se justifica explicando todo lo que debe hacer, por lo cual no puede hacer lo que anhela, lo que sueña o lo que le apasiona.

Esto me recuerda el caso de las famosas hermanas Marta y María[4] en la Biblia, que se encontraban en la misma situación. Probablemente tambien habían tenido una crianza similar o igual, ya que eran hermanas. Sin embargo, cuando Jesús comenzó a hablar y a entregar maravillas con su lengua, Marta buscaba que todas las tareas estuvieran realizadas. No admitía disfrutar del beneficio de recibir las palabras que hacía tiempo estaban esperando recibir del Maestro.

María, en cambio, se sentó a los pies del Maestro a disfrutar de lo que Él hablaba, a aprender, a soñar con una vida con Dios que no solo duraría un instante, sino la anhelada eternidad. Mientras tanto, Marta encontraba argumento para quejarse, porque nadie la estaba ayudando.

Aunque ciertamente Marta no estaba haciendo lo que le apasionaba, tampoco quería que nadie más lo hiciera, porque estaba muy enfocada en cumplir con aquellas cosas que ella creía que eran lo más importante. Ese tipo de paradigmas la convirtió en víctima ante la presencia de Jesús.

La víctima se vuelve experta en explicar todo lo que tiene que

---

4   Lucas 10: 38-42

hacer para no tener que exponer su deseo. Prefiere no expresar su deseo porque tiene tanto miedo a fracasar, que prefiere guardarlo, enterrarlo y esconderlo sin que nadie lo vea. La clave es que ella es guiada por su temor a fracasar. Entonces no toma riesgo alguno. Prefiere no tener sueños que fracasar en el intento.

Seguramente alguna vez soñaste con algo. Tal vez lo has logrado, y volviste a soñar con alguna otra cosa. Tal vez ese sueño se ahogó en el mar de las desilusiones del pasado, o quedó perdido dentro de un cajón de recuerdos que cerraste con la llave de la conciencia, que crece conforme a las responsabilidades que asumimos.

Cuando eras pequeña pensabas: "¿Qué voy a ser cuando sea grande?". Imagino que cada una tendrá su propia respuesta, por ejemplo: "Yo voy a ser maestra" "actriz", "escritora", "presidenta", "bailarina". Particularmente, en mi lista de deseos estaba ser astronauta, y todo lo que se te pudiera ocurrir. Siempre estamos buscando algo que por supuesto está muy lejos de nosotras, porque cuando somos muy pequeñas, la brecha es demasiado grande para llegar a ser aquello que solo puede encontrarse en el futuro. Está muy lejos. Tengamos un ejemplo que podría ser el caso de nuestra maestra. La veíamos como algo grande, como alguien maravilloso, y eso es lo que nosotras queremos alcanzar o llegar a ser.

Hay muchos sueños que están dormidos dentro de nosotras. Quizás cuando pensaste en ser una maestra, lo que querías era llegar a las personas, tocar sus vidas y poder enseñarle algo a alguien, mostrar un camino nuevo, dar opciones diferentes. Y de eso se trata la vida: de cómo vas a andar. La vida es un gran espacio de creatividad.

¡Hoy tienes la gran oportunidad de elegir tu presente de mañana! Hay un futuro esperando para ser diseñado en tu vida. Tu presente, tu hoy, debe ser el espacio donde puedes construir la vida que quieres vivir.

Empieza a vivir la vida con pasión, con intensidad, sin el miedo al fracaso, porque de todos modos en algún momento vas a fallar, pero eso jamás significa que has fracasado. ¡Entonces está en tus manos! Fallar no es fracasar. ¡El fracaso es abandonar! Ese es el fracaso.

*F*ALLAR NO ES FRACASAR. ¡EL FRACASO ES ABANDONAR!

He aquí la historia de un niño que tenía una discapacidad física que le impedía caminar ágilmente como los demás lo hacían. Este niño se encontraba a punto de participar en una carrera con varios chicos. Todos estaban expectantes, ansiosos y los nervios comenzaban a hacerse presentes. Sin embargo, él decía que estaba tranquilo y que no tenía ningún miedo. Comenzó la carrera, que no era de velocidad, sino una carrera con obstáculos y desafíos. Ciertamente para él era muy difícil y todos estaban preocupados por él, todos pensando "Pobre, ¿cómo se las va a arreglar?". Las personas sufrían diciendo:"¿Si se cae y si no llega?". Pero el niño disfrutaba de la carrera completamente feliz.

Cuando empieza la carrera, salen todos, y él, por supuesto, iba a su ritmo. Mas la carrera avanzaba y estaban aquellos que se empezaban a alejar, ganando espacio y poniéndose a la delantera. Muchos otros se iban quedando en el camino. Pero él siguió y lo hizo con fuerza, perseverancia, y un enfoque tenaz hasta llegar a la meta porque esta carrera no se trataba de llegar primero, sino de "llegar". Y él llegó. Fue a su ritmo, lo aplaudieron y fue una ovación total cuando llegó, ¡una maravilla! ¿Puedes imaginarte ese momento, la emoción de ver ese niño llegar a la meta? ¿Lo puedes sentir? Era muy emocionante.

Lo interesante es que no estaba solo; la audiencia valoraba su esfuerzo y su valentía. Ese apoyo comenzó en forma de solidaridad y empatía, pero terminó convirtiéndose en una gran admiración y reconocimiento por aquel niño que pasó a ser un ejemplo para grandes y chicos, hombres y mujeres indistintamente.

Yo me pregunto: ¿qué habrá pasado en su corazón, en su cabeza? Cuando le preguntaron cómo lo hizo, ya que alcanzó la meta cuando otros se habían dado por vencidos, él dijo que él creía que la diferencia entre él y los demás era que él conocía sus límites, pero estaba dispuesto a superarlos, y utilizar y enfocarse en aquellos recursos que sí tenía disponibles.

Tal vez los demás pensaban que solo necesitaban sus ágiles piernas para alcanzar el objetivo. Simplemente por el hecho de que podían caminar y correr sin dificultad, estaba todo hecho. ¡Qué gran lección!

La víctima toma tiempo y actitud, tratando de justificarse y explicar por qué no hizo lo propuesto o esperado. En cambio, la protagonista se hace cargo de sus acciones.

SI NO TE HACES CARGO DE LO QUE NO CONSEGUISTE, JAMÁS LOGRARÁS LO QUE QUIERES CONSEGUIR.

Muchas veces no nos atrevemos a mirarnos a la cara y ver quiénes estamos siendo realmente, y hacernos cargo de lo que no hemos conseguido. Si no te haces cargo de lo que no conseguiste, jamás lograrás lo que quieres conseguir. Ponerlo debajo de la alfombra no hará que la situación cambie. El paso del tiempo no te garantiza que las cosas mejoren. Solo te garantiza que con él se irán muchas oportunidades que no volverán.

Una protagonista reconoce sus debilidades y las acepta. La víctima no se atreve a enfrentarlas.

La víctima cuida más su ego que su corazón, por lo cual vive en una permanente pelea por defender sus posiciones, y le cuesta decir: "No sé". Mientras la mujer protagonista está comprometida a fortalecerse, la víctima está comprometida con su imagen, cuidando de ella permanentemente para no ser puesta en evidencia acerca de aquellas cosas que no cree conveniente mostrar, y hará todo para mostrarse inalterable.

Necesitas poder reconocer cuáles son las cosas que te detienen. ¿Cuáles son aquellas cosas que te están frenando permanentemente? Si las puedes ver, las puedes resolver o disolver.

El mayor problema de las debilidades es no reconocerlas. Cuando no las reconoces y quieres esconderlas, les proporcionas un ambiente óptimo para su fortalecimiento. Es como si las incubaras al igual que a un virus. Se van acentuando y parecerá que nunca saldrás de ahí. Quizás una de las cosas más graves y perjudiciales es el estrés que produce tener que mantenerlas en el silencio, guardadas para que nadie note que están allí. Corres el riego de volverte prisionera de lo quieres ocultar.

Al aceptar muchos de tus debilidades, defectos e imperfecciones, lograrás quitarte una gran carga de tus espaldas y de tu corazón. Quiero aclararte que no estoy hablando de resignación, sino de aceptación. En primer lugar, aclaremos los términos. Si aceptación no es resignación, ¿entonces qué es?

Aceptación es ese espacio que tú generas acerca de lo que está pasando o estás siendo, en el que reconoces, observas y admites que algo es de una manera determinada, te agrade o no; pero tienes la clara intención de redirigir tus acciones para modificar los resultados.

Este es un trabajo que tienes que hacer: mirarte a ti misma y ver si realmente estás en el lugar que hace un rato te dijiste que estabas. Entonces te vas a poder observar a través de la siguiente información. Recuerda que nacemos como original, pero morimos como una copia. Nos pasamos imitando a otros para ver si lo que hacemos está bien, y desarrollamos nuestra vida con esos patrones.

Una mujer protagonista es capaz de elegir. Es propio de la víctima reaccionar antes de accionar.

La protagonista no le da espacio a lo que pudiera ser porque quiere defender lo que ella cree que debe ser. La víctima, en cambio, le otorga generalmente las decisiones y elecciones de su vida a otras personas, a quienes podrá culpar en caso de fracasar.

Tenemos que distinguir entre dos modelos fundamentales: el primer modelo es entre el estímulo y la reacción. Esa es la manera en que nos solemos mover. Sucede algo, reaccionamos. Hay algo que no te gusta y te produce una reacción probablemente negativa. Extiendes tu reacción hacia el objetivo indicado y dices las cosas con enojo. Si, por el contrario, es algo que te resulta agradable o bueno, en seguida al sentirte confortada delante de la situación, tu reacción se verá en forma de acción o palabras positivas, dependiendo entonces del estímulo que recibiste.

Casi todas las personas actuamos desde este principio automático de acción y reacción. Mi propuesta es empezar a vivir bajo una conducta diferente, un paradigma diferente. ¿Cuál? Algo sucede y en lugar de reaccionar, piensa. Elige tu respuesta. Esta elección es lo que te va a permitir tener una respuesta diferente.

*E*N LUGAR DE REACCIONAR, PIENSA. ELIGE TU RESPUESTA.

Si ante una situación, tu reacción siempre es enojarte, gritar, o tal vez pelear, ahora puedes elegir tomar la acción que te lleve al lugar donde eliges ir. Si tomas la información, tomas conciencia y haces una elección, tu respuesta será diferente. Ya no vas a tener una reacción, que es lo que se espera en realidad.

Podemos ver este ejemplo con los animales. Supongamos que le pisamos la cola a un gato.

Bueno, si es muy educado puede ser que te mire y te pregunte por qué lo hiciste. O tal vez su mirada diga: "Me dolió, no lo hagas de nuevo, no te gritaré para que no te sientas mal". ¡No! Lo que sucederá es que dará un grito y probablemente tire un arañazo o varios. Le damos un estímulo y sabemos cuál va a ser la reacción. Del mismo modo sucede con las personas.

Hay personas que permanentemente te hacen enojar, que saben que si dicen determinada cosa te hacen mal. Peor aún, tú sabes que la persona sabe, pero aún cuando sabes todo eso, la persona lo dice y tú te pones mal. ¿Cierto? O sea, le sigues el juego. La cuestión es que a diferencia del resto de los animales, nosotros sí podemos detenernos y pensar. Lo que te propongo es cambiar el paradigma, y generar un hábito nuevo. Desarrollar un nuevo hábito requiere tu intención y tu acción.

Según el Diccionario de la Real Academia Española, en nuestro contexto, *hábito* (Del lat. *habïtus*) significa: "Modo especial de proceder o conducirse adquirido por repetición de actos iguales o semejantes, u originado por tendencias instintivas". Cuando algo es automático, ya no requiere de tu estado consciente para realizarlo. Requiere simplemente de acción que puede trabajar de manera subconsciente.

Veamos la palabra automatismo, que significa: "Ejecución mecánica de actos sin participación de la conciencia". Un ejemplo es conducir un automóvil. Cuando estamos aprendiendo a conducir, no podemos sacar la vista de adelante. Consideramos nuestros movimientos cautelosamente porque debemos pensar cuál pedal presionar. Si el carro no es automático, entonces deberemos atender el motor para saber cuándo hacer el cambio.

Colocamos primera, segunda, tercera… ¡uy, tenía que doblar! Vuelvo a segunda, allí está el semáforo, también lo tenías que mirar. Todas estas son cosas que tenías que añadir a la lista de atención y después se convirtieron en tu automático. Diez años después te subes al automóvil, lo enciendes y te vas, y cuando llegaste a destino te acordaste de que estabas manejando…en automático.

A mí, por ejemplo, si me preguntan "¿cuál camino tomaste?", yo me quedo pensando "no tengo ni idea", o sea… tomé la carretera, pero después doblé no sé dónde, pero llegué, porque llego todos los días y hay dos o tres caminos posibles, indistintamente, y no tengo ni idea por cuál de ellos vine, pero llegué. Y no sé por qué estoy pensando en otra cosa. Sí, por supuesto, hay un estado de conciencia que es preconsciente, que me permite mirar los carteles y los semáforos, pero ya estoy en automático. Funciono en automático. Mi estímulo en la calle, ¿cuál es? El semáforo, luz roja, ¿qué hago? Automáticamente freno. Reacción.

Esto es un hábito que generé antes, pensándolo. ¿Cierto? La primera vez que lo hice tuve que calcular cuánto tiempo tardaba en cambiar antes de llegar a la esquina. En ese proceso, cada vez son más las acciones que realizamos sin pensarlas.

¿Está mal tener acciones automáticas? No, definitivamente, las acciones automáticas nos ahorran mucho tiempo. En muchos casos, aumentan nuestra eficiencia. En cuanto a las reacciones permanentes, debemos considerar la posibilidad de un camino mejor, especialmente si estas no nos conducen a los resultados que queremos en la vida.

La mujer protagonista va alcanzando resultados. Se hace responsable de su éxito y de su felicidad. Actúa y busca lo que quiere alcanzar, y hace sus elecciones de acuerdo con los resultados que desea obtener alineados a su visión.

Como mujer protagonista, tienes la oportunidad de comenzar a decidir y a elegir cómo vivir tu vida; si vas a dejarte llevar por las circunstancias, o si vas a vivir según tu elección, conforme a tu visión. Serás alguien que acciona conforme a sus elecciones y no alguien que reacciona conforme a sus emociones.

Basta de ser víctima de tus reacciones. La mujer protagonista elige, se mueve hacia sus objetivos, logra obtener el éxito y la felicidad, y llega a manifestar su visión. Eso es lo que tú te mereces y puedes alcanzarlo. Elige y empieza hoy aquí a vivir el proceso de dejar de ser víctima, y convertirte en una Mujer Protagonista. Lo harás por pasos, examinando y modificando cada área de tu vida, conmigo como guía. Hoy es un buen día para asumir el rol protagónico de tu vida, ponerte tu mejor yo, y salir a vivirlo con pasión. ¡Comencemos el proceso!

*B*ASTA DE SER VÍCTIMA DE TUS REACCIONES.

CAPÍTULO 2

DEFINE TU IDENTIDAD

A veces es sorprendente que tenemos la buena intención de vivir la vida de una manera determinada, pero hacemos lo contrario, y creemos estar en el lugar correcto. ¿No? Creemos estar del lado de la protagonista, pero con la intención no alcanza.

Ese dicho engañoso de "Lo que vale es la intención", no es suficiente a la hora de la acción y el desempeño. Es muy importante, a veces es determinante, mas si tienes la intención y no tomas la acción, entonces no alcanza. A la hora de los resultados, la intención no es lo que vale porque si yo te hago daño, aunque haya tenido buena intención y cuente con tu perdón, el daño está hecho.

Esta buena intención le dará acceso al perdón y a la restauración de la relación, pero habrá que tomar una acción nueva para reparar el daño causado. Entonces tenemos que poder encontrar un equilibrio entre lo que es la intención que tenemos y las acciones que realizamos. En ocasiones hacemos cosas queriendo hacer otras, así que hay que ponerse de acuerdo con una misma y clarificar objetivos.

Para llegar a un lugar, tienes que saber a dónde vas. Pero para saber a dónde vas, primero necesitas saber quién eres, y elegir quién quieres ser. Tienes que definir tu identidad para definir tu rumbo y el propósito de tu vida. Conocerte a ti misma te permite saber qué quieres hacer, partiendo de un claro ser. Conoces quién eres y luego eliges lo que quieres ser. Estás en permanente cambio, y lo que haces hoy modifica tu mañana.

*P*ARA SABER A DÓNDE VAS, PRIMERO NECESITAS SABER QUIÉN ERES, Y ELEGIR QUIÉN QUIERES SER.

Cuenta la historia de aquel joven que se encontraba perdido. Sabía que no quería estar en la situación en la que se encontraba, así que se esforzó por encontrar ayuda. Después de mucho andar y buscar al anciano que conocía todos los caminos, logró dar con él. Esperó su momento para poder hacerle la pregunta cuya respuesta él estaba seguro de que lo llevaría a un futuro mejor.

Él no sabía dónde estaba, pero quería salir de ahí. Finalmente llegó su momento y le preguntó: "¿Por dónde debo ir? ¿Cuál es el camino?". Entonces el anciano le hizo la lógica pregunta: "¿A dónde quieres ir?". Él le contestó muy seguro: "A cualquier lado. No sé, a algún lado". El anciano le responde: "Pues entonces, cualquiera de estos, porque todos los caminos te llevan".

Cuando no sabes a dónde vas, cualquier camino te lleva, pero al final de ese camino, nunca estará esperándote la completud de tu hacer ni de tu ser. Querer llegar a un lugar no significa que llegaremos. Debemos tener la claridad del punto donde queremos estar para poder planificar el camino hacia allí. Necesitamos definitivamente determinar el rumbo de nuestras vidas, y el rumbo de nuestras vidas no tiene por qué ser algo como "me voy a Hollywood". A veces los objetivos están mucho más cerca, aunque es lindo volar alto y soñar como Dios manda.

El hombre tiene una capacidad enorme de soñar, pero la misma capacidad que tenemos para soñar la utilizamos para tener temores; para contarnos historias que nos avergüenzan, que nos detienen o que nos limitan. Nuestra mente no distingue la realidad de la fantasía. Si en tu mente te construyes una historia, no importa si esa historia es verdad o es mentira, puedes llegar a creerla y vivir conforme a eso. Muchas veces hemos edificado fortalezas en nuestras mentes, y hemos construido historias acerca de lo que podemos hacer, o acerca de los límites de nuestro mundo. Creemos que esa es la verdad y realmente no es así.

La verdad es que tu vida es un cielo abierto. Eres tú quien va a determinar hacia dónde irás. Entonces le tienes que pedir a Dios la ayuda para llegar a donde quieres llegar y tendrás que tomar las acciones necesarias; no encontrar historias tales como: "¡Pero si nadie me ayuda!". ¿Quién crees que debería ayudarte? ¿Por qué crees que eso debe ser así? ¿Le pediste ayuda a alguien? Y si lo hiciste y te dijeron que no, ¿por qué no le pides ayuda a otro?

Solemos encontrar muchas excusas para lo que no logramos. Aunque no todo lo que nos pasa tiene que ver con algo que hayamos hecho, tiene todo que ver con quiénes estamos siendo permanentemente, ya que nuestro cuadro de vida se compone de factores internos y factores externos. Los factores internos están relacionados a las decisiones y acciones que tomaste anteriormente. Los factores externos son aquellas cosas en las que no tuviste una injerencia directa, y que muchas veces pudieron ser efectos colaterales de otras situaciones.

Por eso la primera cosa que necesitas hacer para salir adelante, para elevar tu vida, para lograr objetivos nuevos, sueños y metas, es observarte, autoevaluarte y preguntarte: "¿Dónde estoy?". Pero recuerda: para llegar a un lugar, es necesario que sepas a dónde quieres ir. Para saber a dónde quieres ir, tienes que saber quién eres y elegir quién quieres ser.

---

*P*ARA LLEGAR A UN LUGAR, ES NECESARIO QUE SEPAS A DÓNDE QUIERES IR.

CÓMO DEFINIR TU IDENTIDAD

Necesitas empezar a pensar: ¿Cuál es mi identidad? ¿Qué quiero ser? ¿Mi identidad es lo que soy, lo que creo que soy, o lo que los demás dicen que soy? ¿Qué elijo yo de todo esto?

A veces nos quedamos en lo que los demás creen que somos, y los demás no es el resto del mundo. Es el mundo que te afecta a ti, el mundo que permitiste que te afectara.

Si lo que has recibido son palabras bonitas que te benefician, esas palabras te afectarán de manera positiva. Pero si lo que recibiste, más allá de las intenciones, son juicios negativos, palabras tóxicas o mentiras, es tiempo de entender que esa no eres tú.

Hay muchas personas que piensan diferente de ti. Hay personas que te ven maravillosa, que te ven con una posibilidad. No obstante, dado tu estado de víctima, es muy posible que te asocies con las personas que piensen de ti que no sirves, que no puedes, o que justifiquen o avalen tus historias de no posibilidad. Son esas personas que dicen: "¡Ay, pobre, mira cómo se siente!

Claro, ¿cómo no se va a sentir así si no puede salir adelante?".
¡Como si no hubiera opción!

¡Eso es un engaño! Entonces necesitas desarrollar una identidad personal fuerte y poderosa.

Por un lado, necesitas descubrir, y por el otro lado, crear, generar, porque hay cosas que ya eres; que ya llegaste a ser. ¿Cierto? El ser humano no es algo estático. El ser humano es un *siendo* permanente. No somos de una manera, y ya no podemos ser de otra manera. No estamos atrapados en un "yo" que no pueda cambiar. Es nuestra elección.

EL SER HUMANO ES UN "SIENDO" PERMANENTE.

Cada célula de tu cuerpo es renovada por completo cada siete años aproximadamente. Dentro de siete años no vas a tener una sola célula en tu cuerpo que sea igual a la de hoy. ¿Por qué piensas que eres tan estática, si ni siquiera tu biología es estática? Somos un siendo permanentemente; somos lo que vamos construyendo. Pero así como tenemos la posibilidad de construir, muchas veces también destruimos.

Así que construimos en nuestra vida destrucción y devastación. Esta es una elección personal. A veces nuestra respuesta, nuestra justificación es: "No me queda otra opción, era lo único que podía hacer, no pude hacer una cosa distinta". Así nos seguimos engañando. Entonces vamos a seguir soñando, vamos a seguir volando y elevándonos, y vamos a ver un poquito de lo que es la identidad.

Stephen Covey[5] solía decir: "No me importa cuánto sepas, hasta

---

5   Consultado en línea el 30 de agosto de 2015. https://www.stephencovey.com

que sepa cuánto te importo". Las personas necesitamos saber que le importamos a alguien. Ser amada es una necesidad de cada persona y también es un derecho. Nadie debería avergonzarse por eso, pero tampoco debe mendigar el amor.

Muchas veces este es el motivo por el cual nos volvemos víctimas. Creemos que es una metodología para llamar la atención de otros. Creemos que si nos volvemos un artículo para la necesidad de otro, para que otro cubra su necesidad de dar, estaríamos completas. No es así. Somos quienes somos y necesitamos desarrollar una estima personal.

Todos pensamos esto a la hora de sentarnos delante de alguien: "No me importa cuánto sepas hasta que sepa cuánto te importo". Cuando establecemos relaciones interpersonales, las personas queremos saber cuán importantes somos para el otro. Esto nos pasa todo el tiempo; nos ocurre en transparencia. Pero qué lindo es escuchar cuando nos llaman por el nombre, cuando las personas se acuerdan de nosotros; cuando nos recuerdan o nos reconocen, cuando te dicen: "¡Ah! Yo te vi el otro día. ¿Cómo te va?". Pensamos: "Uy, se acordó de mi nombre". A mí me pasa mucho. Me esfuerzo por recordar los nombres de las personas y cuando las llamo por su nombre, me doy cuenta de cuán importante es para las personas que uno sepa quiénes son.

Ahora bien, el hecho de que yo sepa quién es alguien o que otra persona sepa quién es alguien ¿modifica quién realmente es la persona? ¿Lo hace más o menos importante?

No realmente, pero sí te hace sentir más importante cuando alguien se da cuenta que dejaste de ser invisible, que alguien te vio, te consideró.

Las personas vivimos con la necesidad innata de tener una identidad.

En cada país existe un documento nacional, un documento de identidad que te identifica, y no solamente es un cartón con la foto. Tenemos la foto, pero además ciertos datos personales, por ejemplo, tu nombre, huellas dactilares, dice a qué lugar del mundo perteneces, tu domicilio, tu estado civil. A veces incluye también la profesión que ejerces y algunas otras cosas, dependiendo el país que lo expidió. Esto representa de alguna manera lo que la gente necesita saber acerca de tu persona, para identificarte civilmente.

LAS PERSONAS VIVIMOS CON LA NECESIDAD INNATA DE TENER UNA IDENTIDAD.

Las personas se pasan la vida preocupadas por retocar su imagen. No hablo del maquillaje o la pintura del pelo. Estoy hablando de la imagen que otros tienen de nosotros, la imagen que brindamos, que entregamos a otro, que en algún momento nos vuelve. Es lo que muchas veces nos hace sufrir. Las personas necesitamos sentir que la imagen que tenemos está conforme a lo que esperamos, pero ¿sabemos qué esperamos de nosotras mismas? ¿Sabemos quiénes queremos ser realmente? ¿O creemos que somos lo que somos y punto, y pensamos: "¿Y qué le voy a hacer si yo soy así?".

Tenemos que saber quién elegimos ser. ¿Es posible elegir hoy quién tú quieres ser? ¿Crees que es posible? Con lo que hemos visto, creo que puedes imaginarte la respuesta. Es posible hacer una elección. Tú puedes elegir y decidir quién quieres ser, pero necesitas escoger un rumbo. Ese rumbo tiene que empezar por marcarte a ti misma en tu propia identidad. Cuando te preguntan quién eres, ¿qué contestas? Tómate un momento para encontrar tu respuesta.

*T*Ú PUEDES ELEGIR Y DECIDIR QUIÉN QUIERES SER.

Te compartiré una respuesta que he escuchado cuando hago esta pregunta en alguno de mis seminarios: "Una hija de Dios, soy mujer". ¿Qué dirías? Entonces hija de Dios es una buena identidad, ahora, ¿qué te distingue de otra hija de Dios? Yo soy hija de Juan José Bugni y de Eva Bugni, mi hermana mayor también lo es, igualmente mi hermana menor y mi hermano del medio también. Tenemos eso en común entre nosotros, al mismo tiempo que eso nos diferencia de otros. Pero todavía esto no me distingue como individuo.

Entonces ¿qué nos hace diferentes? ¿Tú crees que por ser hijos de los mismos padres somos la misma persona o tenemos la misma identidad? ¡No, claro que no! Tenemos algo en común, que es maravilloso y que nos hizo existir, que son nuestros padres. Pero eso no es todo. ¿Por qué? Porque el desempeño como persona, como ser humano, como hija, como amiga, como estudiante, como adolescente, como profesional, como adulta, como esposa, como madre, dependió de mí. Así es con cada uno de nosotros. Dependió de lo que cada uno decidió y eligió hacer cada día.

Fíjense que si yo soy hija de Dios, soy hija del mejor, pero puedo tomar decisiones incorrectas. Aún cuando soy hija de Dios, mi camino puede estar por un lugar que le dé a mi Padre poca alegría.

Aunque no me ayude o beneficie, es importante ir un poquito más allá. No estoy diciendo que las características antes mencionadas no sean importantes, al contrario, son importantes. Tu nombre es importante, la situación de filiación con Dios es importante. Mas no es todo; eso no te define como persona. Hay mucho más, que es tu espacio de diseño personal, tu espacio de elección. Es con qué te identificaste hasta el día de hoy.

Tal vez te identifiques con una persona que nadie quería, que fue muy sufrida o a quien siempre le pasan las cosas malas; o con una persona super alegre, que todo el mundo quiere. En todo caso, los peores enemigos de nuestros futuros éxitos son:

#1: El fracaso del pasado

#2: El éxito del pasado

Hay que tener cuidado con lo que ya fue, y empezar a construir desde lo que tú quieres que sea. Miras tu visión del futuro y empiezas a construir desde ese futuro.

Los fracasos del pasado generan en nosotros juicios de valor acerca de lo que podemos lograr, de nuestra capacidad y de nuestra "suerte", que mantendremos en el presente y proyectaremos en nuestro futuro. Los éxitos pueden también ser peligrosos, ya que podemos "dormirnos en los laureles" de ese logro determinado, y tender a idealizar lo que fue. Por eso creo oportuno citar la sabiduría de la Biblia cuando dice: *"No añores «viejos tiempos» no es nada sabio"*[6] .

*M*IRAS TU VISIÓN DEL FUTURO Y EMPIEZAS A CONSTRUIR DESDE ESE FUTURO.

Sé protagonista de tu vida. Elige hoy la identidad que deseas llevar adelante. ¿Cómo se elige? ¡Se elige eligiendo! Sabiendo que tienes la opción y la libertad de ELEGIR. Esfuérzate en que cada acto, cada momento sea único. Tú eres la protagonista. Tienes el rol protagónico. Disfrútalo desarrollando, en cada situación, quién eliges ser. Verás que ser protagonista era más fácil y apasionante de lo que te imaginabas.

CAPÍTULO 3

*L*EVANTA TU AUTOESTIMA

*U*na autoestima alta ¿es buena o mala? Por definición, la autoestima es el aprecio o la consideración que una tiene de sí misma. La estima propia alta es buena y saludable. El problema es que algunas personas confunden la autoestima alta con el ensimismamiento, la arrogancia y en su extremo, el narcisismo. No tienen nada qué ver.

El narcisismo es una conducta o manía típica del narcisista. Este adjetivo, que proviene del personaje mitológico Narciso, hace referencia al hombre que se precia de hermoso, que está enamorado de sí mismo o que cuida demasiado su compostura. El narcisismo, por lo tanto, es la complacencia excesiva en la consideración de las facultades propias; el interés excesivo en uno mismo. Es una importancia desmedida por la imagen exterior, fundamentalmente. Uno de los rasgos más complicados y nocivos del narcisista es que pretende aparecer como mejor en comparación con los demás, aunque esto sea mediante elementos que no beneficien a otros. Así es como se origina el término de ese hombre que estaba enamorado de sí mismo; él suponía que era lo más maravilloso del mundo.

Contrario a lo que creen muchas personas, el narcisismo está basado en una autoestima frágil, y en el temor de no ser valioso, estimable o digno de amor; es el opuesto a tener una autoestima alta. Esta conducta se va desarrollando como una cosa casi automática cuando necesitamos ser amados, ser estimados, o cuando necesitamos sentirnos valiosos para otros. Puede ser que tomemos el camino de poner a otros abajo o denigrarlos para elevarnos; o nos ponemos abajo porque creemos que no servimos de todos modos.

Existe lo que se llama la trampa de la autoimagen. Esta es una de las cosas que hace que tengamos una condición tan frágil en nuestra autoestima que no nos permite relacionarnos de una manera poderosa o beneficiosa con las cosas que nos pasan. ¿Por qué?

Recordemos que lo más importante no es la circunstancia, sino cómo te relacionas con ella, así que te vas a relacionar desde donde tú "puedas". Porque si crees que no eres capaz o no lo lograrás, te relacionarás desde la "no" posibilidad. Vas a pensar que no puedes afrontar lo que te toca y el resultado será conforme a ello. Si te relacionas de una manera poderosa, el resultado también cambiará. Ahora bien, ¿qué es lo que hace que te relaciones de una manera poderosa o no?

Cuando la autoimagen que proyectamos nos da una posición anhelada en la sociedad, queremos preservarla. Muchas veces vemos que algo en nuestra vida funciona. Por ejemplo, cuando tienes una pareja que en algún momento fue algo bueno, funcionó, esta es la imagen que tienes de ti y de la relación con esta persona. Las cosas comienzan a andar mal y empeoran vertiginosamente, pero tú sostienes esa imagen anterior porque es la imagen que quieres tener. Sin embargo, las cosas ya no están conforme a tu imagen. Ahora las acciones que tomas, no las tomas desde lo que está sucediendo realmente, sino desde lo que tú quieres creer que sucede, sin atreverte a reconocer que lo que está pasando delante de tus ojos te está destruyendo. Si lo reconocieras, tendrías la posibilidad de cambiarlo.

La herida fundamental de la autoestima es la creencia de que uno no vale la pena. Esta es una gran mentira que jamás debes creer. Pensamos que no somos dignas de amor, que no merecemos el afecto ni el reconocimiento de los demás. Esto es un efecto de la autoestima herida que vamos replicando a lo largo de todo nuestro desarrollo personal.

La autoestima incluye la creencia de que el éxito, la satisfacción y la felicidad son valores merecidos por quienes hacen las cosas bien. Por lo tanto, apoyamos nuestra autoestima en resultados que pueden desvanecerse con facilidad.

Tu autoestima no se basa en otros, ni en lo que tienes, ni en tus resultados.

La autoestima es la manifestación de una conciencia que aprende a confiar en sí misma.

*T*U AUTOESTIMA NO SE BASA EN OTROS, NI EN LO QUE TIENES, NI EN TUS RESULTADOS.

Tenemos que aprender a desarrollar una autoestima basada en el diseño del ser, en nuestra valía como persona, por el hecho de ser, no por lo que tenemos o lleguemos a tener, aun como resultado de lograrlo. Puede que estés pensando: "Está bien basar mi autoestima en mi logro del trabajo que tengo (por ejemplo), ya que lo conseguí porque soy buena, capaz, competente, simpática, linda, inteligente". Entonces, mañana hay una situación, el trabajo no está más y la ecuación se vuelve en tu contra. Ya que tenías el trabajo por tan maravillosas características, al despa-recer este, probablemente también se vea debilitada o profundamente herida tu autoestima porque se ha ido aquello que la sustentaba.

No apoyes tu autoestima en eso que lograste por ser maravillosa, porque mañana puede no estar más ese asunto, y tú seguirás siendo maravillosa para alcanzar el próximo logro. No debe sorprendernos que nos resulte fácil pensar que somos geniales cuando nos va bien, pero un desastre cuando nos va mal.

Podemos controlar nuestras acciones, pero generalmente no está en nuestras manos controlar los resultados. Así que si te esfuerzas, planificas con conciencia, y trabajas con excelencia, esperarías que las cosas salieran bien, aunque no siempre es así. Por lo tanto, el hecho de que algo salga mal no hace que tú ya no seas genial.

Frente a este resultado, no podrías tomar el camino de justificarte acerca de por qué no lo lograste, o puedes interpretar esta parada como una segunda oportunidad para evaluar tu visión y tu camino, y preguntarte: "¿Será esto lo mejor para mi vida? ¿Está esto alineado con aquello que no es negociable en mi vida?". Si la respuesta es sí, la siguiente pregunta es: "¿Qué más puedo hacer para lograrlo?".

La autoestima es reconocer el valor que tienes y amarte. Es así de básico. No necesitas mucha explicación técnica de nada.

*L*A AUTOESTIMA ES RECONOCER EL VALOR QUE TIENES Y AMARTE.

¿Crees que vales la pena? Yo creo que valgo la pena. Creo que tú vales la pena. Y creo que Dios pensó lo mismo cuando entregó a su único Hijo por ti y por mí. Yo te invito a considerar todas las cosas buenas que has hecho en la vida, solamente a título informativo porque podrías no haberlas hecho. Aún así, maravillosamente, lo que pasa es que el ser tiene una interconexión con el hacer. Esas cosas buenas no son exactamente cosas que lograste, porque a veces haces cosas buenas por los demás, y cuando recibes la respuesta de los otros lo que tienes es traición y desilusión. Entonces yo no estoy hablando de lo que conseguiste: son cosas diferentes y puedes conseguir más.

LA AUTOESTIMA SE BASA EN SER

Hablemos ahora del ser, hablemos de lo interior, hablemos de tu valía personal. ¿Quién eres? ¿Quién crees que eres? ¿Cuánto vales? ¿Cuál es tu precio? ¿Cuánto te amas?

Cuando amamos a alguien, somos capaces de evaluar lo que estamos dispuestas a hacer por el otro. Por ejemplo: si amas mucho a tu marido, posiblemente harías muchas cosas por él.

Hace tiempo vi un programa en Argentina, que se llamaba "Haría cualquier cosa". Se trataba justamente de cumplimentar un desafío que le ponían a la persona, y lo hacía para darle al ser amado algo que él o ella desearan. Para que ese ser amado tuviera la sorpresa de recibir lo que estaba deseando, la persona debía exponerse a hacer cualquier cosa que le pidieran. Normalmente le estudiaban el perfil y le pedían cosas que tocaban sus debilidades, y aun sus fobias. Esto requería una entrega total de alguna manera, y demostrarle al otro que estaba dispuesto a hacer literalmente cualquier cosa por él o ella (podía ser esposo, hijos o quien fuera). Es lindo darse cuenta que, si fuera necesario, uno haría muchas cosas por otros, aún superando cuestiones personales profundas.

Yo te pregunto ahora: ¿Qué harías por el ser que más amas? ¿Eres tú el ser que más amas? ¿Qué harías por ti? ¿Hasta donde llegarías por ti? ¿Qué estarías dispuestas a dar, a invertir, a sacrificar por ti? ¿Te amas?

Piénsalo, por favor. Es muy importante que te observes y te preguntes: ¿Estoy dispuesta a hacer algo por mí? O tal vez dirás: "No, gimnasia yo, no, porque tengo que atender a los niños". "No, esto no porque tengo que pensar en los demás; esto otro no porque quiero ayudar a otros". "No, coman ustedes, después veo yo".

NO TE PROCRASTINES MÁS; COMPROMÉTETE CONTIGO

Procrastinar es un término que no usamos en español. Sin embargo, en inglés, ese término significa mucho. La definición de procrastinar es la práctica de llevar a cabo tareas menos urgentes con preferencia a las más urgentes, o hacer las cosas más placenteras en lugar de las menos placenteras, poniendo así las tareas inminentes para un tiempo más tarde o más adelante, a veces hasta el "último minuto" antes de una fecha límite. En español, la palabra más cercana que tenemos es postergar.

Tienes que salir de la mirada de postergarte, del paradigma de repartirlo todo para otros y de quedarte con nada; de pensar que para ti habrá tiempo después. Con todo respeto, permíteme decirte que si no estás edificando tu vida hoy, mañana no podrás ver el resultado que deseas.

Tal vez estés pasando una etapa de tu vida en la que tu tiempo personal sea muy limitado. Tal vez tengas niños pequeños que demandan tu atención, o tu trabajo requiere muchas horas de ti. Quizás los recursos sean escasos y no puedas afrontar el pago de un libro, o tus estudios, o tu propio arreglo o cuidado personal. Eso puede ser tu realidad. Por ese motivo es que debes diseñar el futuro que quieres vivir, y comprometerte con él. Hoy es el tiempo de trazar el camino, ya que no puedes cambiar tu destino de un día para el otro. Soy consciente de que la sola decisión de lograr algo, en la mayoría de los casos no hará que lo logres inmediatamente, pero puedes cambiar los pasos que darás para que tu presente de mañana sea lo que hoy estás anhelando.

$\mathscr{S}$I NO ESTÁS EDIFICANDO TU VIDA HOY, MAÑANA NO PODRÁS VER EL RESULTADO QUE DESEAS.

Si te comprometes contigo misma, lograrás ver la posibilidad. Si no estás comprometida con el objetivo, seguramente dirás: "Ay, qué difícil es todo, no se puede hacer, ella puede porque tiene otras características personales". ¡No es cierto! Si estás comprometida, lo vas a lograr. No esperes a tener todas las cosas, ni los conocimientos, ni los recursos, para comprometerte. Si estás dispuesta a comprometerte, entonces toma acción y las cosas se alinearán. Los recursos siempre seguirán a una visión comprometida.

Pongamos el caso de una madre, aun cuando no sabe nadar y se cae su hijo a la piscina. ¿Qué hace la madre? ¿Va a hacer el curso de natación y vuelve? O tal vez comienza a evaluar sus condiciones para tirarse a la piscina. ¡No; definitivamente eso no es lo que hará. Se tira! ¿Por qué? Porque está comprometida con la vida de su hijo. Se siente la mejor nadadora del mundo porque no le importa nada, porque el objetivo está claro y en ese momento no le importa ninguna otra cosa.

Eso es lo que logra un compromiso; que tú estés unida con el objetivo. Compromiso es el nexo que te une con el objetivo y con tu visión.

〰〰〰

*C*OMPROMISO ES EL NEXO QUE TE UNE CON EL OBJETIVO Y CON TU VISIÓN.

〰〰〰

A veces son pequeñas cosas las que no hacemos por nosotras mismas; a veces son grandes cosas. En ocasiones son cosas tales como no tomar cuidado de mi persona, no tomar cuidado de mi alimentación, no tomar cuidado de mis relaciones. "No, yo no tengo tiempo de salir a tomar café con mis amigas". "No tengo tiempo, estoy tan cansada cuando llega la tarde que no quiero ponerme a hablar por teléfono con la familia".

Pero son las relaciones que te hacen bien, son las cosas que te mantenían alegre. ¿Qué fue lo que pasó contigo que hace unos años atrás eras pura alegría, eras como un cascabel, y hoy estás apagada como si se te hubiera acabado el combustible?

¿Qué pasó que antes eras original, poderosa, y hoy eres una copia medio arrugada? ¿Qué hiciste con tu autoestima? ¿Qué hiciste con tu corazón? ¿Qué es lo que crees de ti? ¿Qué piensas de ti?

La autoestima es otro espacio de elección. ¡Tú vales!

Cuando cocino algo, me gusta que las personas digan que está rico. ¿No les pasa a ustedes? No importa como esté, me gusta que me digan que está rico. Dado el objetivo que tengo de que las personas disfruten, de hacer que les guste, me esfuerzo. Me comprometo a lo máximo que yo pueda dar. Por supuesto que a veces no me sale tan bien, pero pongo eso como objetivo. Ahora yo voy a disfrutar de eso, porque yo sé lo que vale, porque sé lo que me costó. ¿Te diste cuenta que a veces los niños (y algunos grandes) llegan a la mesa, comen en dos segundos, dejan el plato tirado y salen corriendo?

Una dice: "Estuve cuatro horas cocinando eso que destrozaste entre tus dientes en cinco segundos, y ya te fuiste". Y a veces una siente que no la valoran. Puede ser que no sea para tanto, pero una lo siente: "No valoran nada de lo que hago porque no me valoran a mí". Ojalá eso fuera lo más grave que nos sucediera. Es cierto que una siente que su obra, que su creación fue lo mejor, porque le pusiste lo mejor, te esforzaste por eso.

Será por eso que Dios nos valora tanto; porque nosotros somos su creación.

Ahora… ¿Qué pasa que siendo nosotras tan hermosas, tan valiosas, nosotras no lo creemos de nosotras mismas? Y utilizamos nuestra vida como la comida que comen los chicos. La ponemos entre nuestros dientes, la destrozamos y la dejamos en un costado. Es tiempo de considerar tu vida, es tiempo de revalorarte, de saber que no importa si te equivocaste. Eso no te hace más o menos valiosa, pero puede hacerte más efectiva. Y si eres tan efectiva, o si no eres tan efectiva, ¿cuál es el problema?

¡QUIÉRETE PORQUE SÍ!

Yo soy una persona bastante torpe, aunque he mejorado con el tiempo. Es muy gracioso porque mi marido me suele preguntar: "¿Cómo sobreviviste?". O se pregunta: "¿Cómo sobrevivieron nuestras hijas?". Porque de verdad, no sé, pero de golpe me choco con algo; eso me pasa. Por supuesto que esta "debilidad", lo que logra en fin es que yo necesite estar más atenta. Por ejemplo, yo manejo muy bien (no tengo falsa humildad), así que estoy totalmente libre de decir lo que pienso, que además es avalado por mi agente de seguros (hasta me gané un descuento interesante por ese motivo). Así que yo considero que manejo muy bien.

¡QUIÉRETE PORQUE SÍ!

Ahora podrías decir: "¿Pero no eres bastante torpe?". Bueno, quizás es la tendencia que tengo, pero todo se soluciona. Y todos merecemos una nueva oportunidad no solo para hacer algo, sino una oportunidad con el voto de confianza de que puedes lograrlo.

Primero porque te mereces lindas palabras. ¿Por qué te mereces lindas palabras? Porque sí, así de sencillo, porque sí. ¿Uno quiere a sus hijos porque son perfectos? No. Uno los quiere porque sí, porque son los hijos. Yo me quiero porque sí. Y tú debes quererte porque sí. Porque si fuera por las cosas que hago a veces, diría: "¡Ay Dios mío, esta chica, qué desastre! Mira lo que hice ahora y rompí esto, hice lo otro…" Todo tiene solución. En definitiva, no hay nada más importante que cuidar tu corazón.

Pero como te decía: manejo muy bien porque esta seudo debilidad me hizo ver que necesito ser más atenta que el resto de la humanidad, o al menos es lo que creí. Entonces mis ojos se tienen que abrir doblemente ante distintas cosas que para otros son fáciles. Otros pasan por acá y no están mirando. Yo sí, yo voy mirando, siempre voy atenta a determinadas cosas. ¿Por qué? Porque lo necesito y ni me preocupa que me vean mirando más. ¿Y qué? Yo prefiero observar y no caerme. Así que vivo mi vida de una manera más atenta, con lo cual veo cosas que otros no ven, porque siempre procuro estar muy atenta a mi entorno y a mi camino.

Me focalizo en lo que tengo que hacer. Entonces esta desventaja se convirtió en una ventaja porque yo me di cuenta que en ciertos caminos por donde yo camino, y no hablo de caminos fijos solamente, puedo observar cosas que otros no observan dado que conozco mis debilidades. Sin embargo, esas debilidades no me detienen, sino que reconozco también mi valor. Digo: "Tengo que prestarle atención a esto". Es como si uno de tus niños tuviera una debilidad respiratoria. No lo expondrías al frío ¿verdad? Así de sencillo, no le limitas la vida. No es que ya no podrá salir, solamente lo cuidas de otra manera. Alguien con problemas del estómago, no es que deje de comer. Solo deberá comer diferente, poniendo más atención al tipo de alimentos que puede consumir. ¿Vale menos una persona cuando se tiene que cuidar de cosas?

Las cosas que te detienen ¿no son cosas que en realidad hacen que te cuides más? ¿Por qué te detienes? ¿Por qué te mides por esas pequeñas cosas, que no hacen lo que tú eres? Tú no eres tus errores, no eres tus fracasos, no eres tus temores. Eres mucho más que eso. ¡Eres un ser especial! Eres tus elecciones, eres tu aprendizaje, eres tu elección cotidiana de valorarte.

Tú decides a dónde vas a ir, tú decides cómo vas a llegar y cuál va a ser la manera en que te moverás.

Decíamos que la autoestima es la manifestación de una conciencia que aprende a confiar en sí misma. Si nosotras, por declaración, por una cuestión de elección consciente, empezamos a confiar en nosotras mismas, vamos a estar así automáticamente comenzando a modificar nuestra autoestima. Si cometes un error, no te preocupes; es parte del proceso.

No hay un buen éxito sin un buen fracaso. ¿Sabes donde se encuentra el éxito? El éxito está esperando dos pasos más allá del fracaso; dos pasos más. Del fracaso siempre puedes aprender.

Te equivocaste, un paso más no alcanza. En el siguiente, ahí estará esperándote tu éxito. Pero ¿qué pasa? Piensas que como te equivocaste, no sirves para nada. Entonces vives pegando los resultados a tu ser, y olvidas que en tu camino al éxito hay algunas paradas que se llaman fracaso. Ese no es el punto de destino; es solo parte del camino.

*E*L ÉXITO ESTÁ ESPERANDO DOS PASOS MÁS ALLÁ DEL FRACASO.

Si nuestra estima, nuestro ser, depende de nuestros resultados, en dos por tres estamos "acabadas". Te va bien, eres la mejor, te sientes diva, divina, una maravilla. Te echaron del trabajo, eres la peor, no sirves para nada.

Ah, pero recuperaste el trabajo, o recuperaste una pareja, o recuperaste el éxito en determinada área. ¿Sabes qué pasa? El tener va y viene, pero si eres una persona que se ama, verás que el circuito del tener va a estar siempre alrededor tuyo; siempre. Si buscas el tener, y tu autoestima depende de él, estarás en pérdida permanentemente. Esta persona que busca el tener es una persona que está comprometida a no perder. ¿Qué le pasa a la persona que está comprometida a no perder? ¡Ya perdió! Y la vida no se trata de no perder. La vida se trata de ganar; es un juego que vale la pena ser jugado.

Nunca midas tu valor por:

1. Lo que tienes
2. Tus resultados
3. Tus debilidades
4. Tus fortalezas
5. Tus errores y fracasos

6. Temores
7. Opiniones

Si vives tu vida escuchando lo que los demás opinan de ti, te perderás de oír los maravillosos planes que Dios tiene para ti. Te invito a que salgas a ganar. Sal a jugar el juego de la vida con fuerza; a vivir la vida con pasión.

AMOR Y MISIÓN

Necesitamos aprender a hablar bien de nosotras mismas. ¿Qué declaraciones haces acerca de ti misma? ¿Cuáles son las últimas cinco cosas que dijiste de ti?

Por ejemplo, cuando estabas alistándote para salir, tal vez dijiste: "Uy, ya estoy llegando tarde de vuelta. ¡Qué desorganizada!". O quizás dijiste: "¡Qué linda, me merezco darme cinco minutos más porque tengo que arreglarme!". ¿Qué fue lo que pensaste? Tus últimas cinco declaraciones acerca de tu persona, ¿las tienes ya? Cinco. Desde hace un ratito para atrás. Rebobina la película de tu vida por un momento, y dime honestamente qué cinco cosas pensaste de ti. Concéntrate. La vida es así, tiene muchas distracciones. Elige pensar en ti.

Toma papel y lápiz, y anótalas por favor. ¿Tienes tus cinco? Si no tienes tus cinco, las que te falten, me atrevería a decir que no están del lado positivo. Tenlo en cuenta porque las cosas que no nos gustan no nos salen así de fácil; nos cuesta reconocerlas. Ahora te voy a pedir que pienses en esas cinco y escribas qué puntaje de uno a diez te podrías poner en la calidad de autoestima que tienes, dadas estas últimas cinco declaraciones que hiciste en tu vida. ¿Qué puntaje te pondrías del uno al diez o a menos 10?

A veces ni siquiera somos conscientes de la necesidad de amarnos a nosotras mismas.

Te invito a hacer otra evaluación importante. Pregúntate: ¿Cuánto me gusta pasar tiempo sola? No me refiero a ser una persona solitaria, ni a la ausencia de otras personas, sino a la persona a quien que le gusta pasar tiempo consigo misma. Entonces ahora viene la pregunta del millón: ¿Para qué quieres estar sola? ¿Para no estar con los demás o para reflexión personal? Hay muchos motivos, ¿verdad?

Lo cierto es que no necesariamente eso te lleva a valorarte más. Muchas veces esta reflexión personal a lo que te lleva es a pensar en todo lo que no estás logrando, en todo lo que no estás pudiendo hacer. Entonces necesitas hacer esta evaluación personal. Sin ninguna duda necesitas tomarte el tiempo sola y evaluar cuánto te estás amando. A veces hablamos de la autoestima como algo difícil de alcanzar. ¿Sabes qué? El amor es una decisión y también aplica para ti misma.

*E*L AMOR ES UNA DECISIÓN Y TAMBIÉN APLICA PARA TI MISMA.

Cuando te casas con alguien, te mantienes casada por amor y por otros muchos motivos. Una de las cosas que tienes que sostener es tu compromiso con la persona. ¿Por qué? Porque los primeros tiempos son de pasión, pero después viene el tiempo de muchas otras cosas, de la vida misma. Las circunstancias te van desgastando, y puede ser que también sufras desilusiones. Tal vez las cosas no sean exactamente como las soñaste, o no salieron como querías, pero es el compromiso con la relación (que es diferente de una relación por compromiso) lo que va a sostener este matrimonio, y permitir que este pase por las diferentes estaciones de la vida saliendo victorioso.

¿Cuál es el compromiso que tienes contigo misma? ¿Qué compromiso tienes de seguir amándote, a pesar de que conforme va pasando la vida también te vas desilusionando por cosas que no puedes hacer? Quizás quisiste hacer cosas que aún no has logrado porque no perseveraste, no tuviste la disciplina o no tienes el talento. En un momento de mi vida yo quería cantar, pero honestamente no tengo el talento para cantar. Quería cantar porque era lo que había conocido cuando era pequeña. Después conocí tantas otras cosas y descubrí cuáles eran mis valores personales, mis verdaderos talentos, y entendí que nací para otra cosa. ¡Así que si sabes para qué naciste, todo tiene sentido! Sabrás el para qué de tus fortalezas y aun el propósito de tus debilidades.

Entonces, cuando descubres esto y vuelves a mirar lo que no lograste hacer, dejas de mirarlo desde la frustración, y comienzas a mirar desde un lugar tan poderoso, que darás gracias a Dios por lo que ha preparado en tu vida.

Así que si yo no canto muy bien, canto igual. Hay cosas que no voy a lograr porque tampoco tengo el compromiso. Si tuviera el compromiso y estudiara canto, podría salir de esta declaración, pero no me interesa hacerlo. ¿Por qué? Porque mi vida está enfocada en otro lugar, porque mi vida vale la pena ser vivida hoy para las cosas que hago, para los compromisos que tengo, los objetivos que persigo. Entonces no necesito complicar mi vida con algo que hoy es objeto de diversión para mí. Si me escucharas cantar, probablemente verías que no estoy cohibida para cantar porque canto mal. Probablemente alguien pudiera decir que no le di al tono. Si así fuera, no tendría ningún inconveniente con eso, porque ¿cómo van a decir que canto bien cuando desafino? O sea, si dicen que canto mal, no me molestaría.

Si tu vida pasara por todo lo que haces mal, por los errores que cometes, sería verdaderamente un caos, pero gracias a Dios no es así. Tu vida empieza por el amor que tienes para con Dios y contigo misma, y no es un amor orgulloso. Es entender que vales la pena.

Es entender que te tienes que querer. Es entender que te puedes comprometer a hacer lo mejor, y que las prioridades en la vida empiezan en ti. Si tus prioridades no empiezan contigo, nada tienes para ofrecerle a nadie y todo lo que le ofrezcas a los demás será mediocre. Si les vas a ofrecer lo mejor de ti a tus seres amados, tienes que ser lo mejor, tienes que creer lo mejor de ti y edificar lo mejor en ti. Si tú no edificas en ti, nadie podrá hacerlo por ti.

*S*I TUS PRIORIDADES NO EMPIEZAN CONTIGO, NADA TIENES PARA OFRECERLE A NADIE.

Si tu vida depende de los buenos dichos de los demás, te recomiendo reconsiderar el camino que estás tomando porque un día puede que no seas tan simpática, un día puede que no seas tan sagaz o un día las cosas quizás no te salgan tan bien. Tal vez simplemente te encuentras en un ambiente rodeada de aquellos que no saben edificar a otros, y aun con buena intención solo tengan lenguaje de crítica, y lo que recibas puede no ser edificante en lo absoluto.

La pregunta es ¿qué vas a opinar tú? Cuando tú te amas, cuando te enfocas lo suficiente, las cosas se acomodan alrededor tuyo. Ya no tienes que ir a buscar estima en otros, pero recibirás de otros porque te estás estimando, porque tú vales la pena para que se acerquen, vales la pena para que te amen. Entonces puedes amar con libertad.

Si entiendes que todas las historias negativas que te contaste hasta hoy son mentira, son cosas que no te edifican, que no te llevan a tu objetivo, resetea tu vida hoy y empieza de nuevo. ¡Por favor!

Si crees que es demasiado tarde para comenzar de nuevo, recuerda que cada día traerá un nuevo amanecer. Háblale al pasado y míralo a los ojos.

REVIVE TU SUEÑO Y CÚMPLELO

Te pido que cierres los ojos por unos segundos. Quiero que pienses en ese sueño que tuviste alguna vez. Piensa en eso, refréscalo en tu mente, vívelo.

¿Cuál era ese sueño, o cuáles eran esos sueños? ¿Abandonaste ese sueño que prometiste que ibas a realizar? ¿Dejaste de reírte y gozar cuando pensabas en él? ¿Por qué dejaste ese sueño que habías soñado con tanta profundidad? ¿Qué hizo que dejaras de juntar tus recursos para hacer ese viaje tan maravilloso que le daba sentido a tu vida? ¿Qué cosas soñaste en ese momento? ¿Qué te reprochas? ¿Qué te reclamas?

¿Recuerdas las cosas que alguna vez te prometiste, que alguna vez dijiste: "Yo voy a hacer esto, voy a lograr aquello"? Quizás te prometiste ser una empresaria, quizás te prometiste ser feliz, quizás ser alguien que ayudaba a otros, o ser una persona especial. Quizás te prometiste ser alguien que daba más posibilidades a los demás, alguien famoso, alguien exitoso. Todas esas promesas y esos sueños están ahí, y tu propio ser te las está recordando.

Ponte a cuentas con ese pasado, ámate, perdónate, aliéntate, y haz lo que sea necesario. Quizás tienes que disculparte, quizás te reprochas, quizás es tiempo de repactar una promesa, ya que te acordaste hoy de reedificar ese sueño que habías dejado dormido porque simplemente creíste que no se podía hacer. Quizás no te creías merecedora de alcanzar ese sueño, o tal vez las circunstancias no te permitieron hacerlo.

¿Qué le dirías a ese pasado? Dile lo que quieras, míralo. Dite: "Te perdono y te espero, para que cumplas tu sueño. Te sigo amando, quiero que te rías y quiero que disfrutes porque hay una vida que merece ser vivida con gozo". Luego de tanto "no hagas", "no puedes", "no sigas", "cállate", de tantos "¡No!", te fuiste dejando atrás.

Hoy es un día nuevo, hoy es el tiempo cuando tus sueños vuelven a la cartelera de tu vida. Hoy es el tiempo donde vuelves a hacer aparecer la llama de aquello para lo que naciste, de aquello para lo que fuiste diseñada.

*H*OY ES EL TIEMPO CUANDO TUS SUEÑOS VUELVEN A LA CARTELERA DE TU VIDA.

Si miras atrás en tu vida, muchas cosas que te limitaron y que te parecían que eran vitales, que sin ellas no podías seguir, si decías que tu vida se acababa o si decías que no, tu vida también se acababa. Hoy ves que no era así. Hoy ves que ya no tienes que seguir la corriente de todo lo que pasa a tu alrededor, si tienes un objetivo claro, si tienes un sueño. Desarrolla tu identidad personal fundamentada en una estima que no se acaba con las obras ni con los resultados.

Eres la mejor, hagas las cosas bien o las hagas mal, porque si las haces mal, aprendes y te corriges. Si las haces bien, festejas, sigues aprendiendo y sigues avanzando, pero eso no modifica tu ser. Si eso puede no modificar tu ser porque tu poder personal es mayor que las circunstancias, nada te va a detener cuando quieras llegar a tu objetivo, cuando quieras cumplir ese sueño que acabas de ver en las pantallas de su mente. Nada puede detenerte si tú eliges lograrlo.

Para una mujer que se compromete, no hay límites. Hay situaciones y circunstancias que se aparecerán en tu vida como si fueran paredes virtuales. ¿Conoces la realidad virtual? Si entras a un juego donde haya paredes virtuales, te encuentras delante de una pared y te parece que vas a chocar realmente o que algo se te viene encima y crees que te va a aplastar, es una imagen. Las imágenes que nos hemos formado a lo largo de nuestra historia son paredes, son fortalezas, pero son paredes virtuales. Podemos pasar a través de ellas cuando sabemos quiénes somos.

A pesar de que nuestra identidad, nuestra autoestima, nuestro valor no dependen de las cosas que hacemos bien o mal, ni dependen de la opinión de los otros, a veces esperamos tener la opinión buena de los demás para actuar bien. Si tienes una conducta que está basada en lo bueno que crees de ti misma, actuarás de una manera determinada que va a agradar a otros, pero como se suele decir: "No te puedo dar la fórmula del éxito, pero sí te puedo dar la fórmula del fracaso: trata de complacer a todo el mundo" (Herbert Bayard Swopel[7]). Si queremos agradar a todos todo el tiempo, vamos a fracasar. Pero si tú eres quien toma las decisiones y quien empieza a liderar tu vida, sabiendo que no debes buscar la complacencia de los demás, sino de Dios primero, luego haces cosas que te agradan a ti y haces lo correcto.

Yo no estoy diciendo todo esto referente a que la mujer no deba

---

7   Primer y tres veces ganador del Premio Pulitzer de Periodismo. Consultado en línea el 28 de acosto de 2015: https://en.wikipedia.org/wiki/Herbert_Bayard_Swope, www.brainyquote.com/quotes/quotes/h/herbertbay164646.html

sujetarse a su marido, pero eso es independiente de tu vida de desarrollo personal. Tienes que poder disfrutar de ser tú misma para luego poder dar lo mejor de ti en la relación matrimonial. ¿Entiendes? Es fácil para la mujer esconderse detrás del marido, y dejar que él tome las decisiones. Si algo sale mal, se hace cargo él, y si sale bien, festejamos juntos. Es fácil para la mujer no hacerse cargo y delegar en otros, pero mujer, hoy es tu tiempo, hoy es el tiempo de tomar una decisión, de hacer una elección. A pesar de que haya personas que se pongan como pantallas delante de ti, tienes que saber que los resultados en tu vida son tuyos y que tu andar depende de tu ser, y tus resultados, de tu andar.

El principio de todo sigue siendo el ser. Así que si puedes observarte, si quieres amarte, si puedes identificarte lo suficiente con tu visión, tu sueño, tu objetivo, y desarrollar este valor personal, yo te aseguro que estás camino a alcanzar ese éxito que tanto has anhelado.

Recupera la alegría de vivir, la pasión de ser. Recupera el valor que tenías cuando no había nada más importante que tu entorno. Quizás desde pequeña te dijeron que eras poco. ¡Te mintieron desde temprano! Hoy yo te digo: No eres poco; ¡eres mucho, eres grande, eres única! ¿Sabes que la mujer es un ser poderoso? La mujer se puede desarrollar y no tiene límites. No hay límites cuando estamos dispuestas a alcanzar lo que queremos lograr. ¡No te detengas!

El gran poeta y cantautor Facundo Cabral[8] tiene un poema que a mí me encanta. Se titula: "No estás deprimido, estas distraído". Les presento un fragmento:

> *"No estás deprimido, estás distraído*
> *No estás deprimido por algo que pasó,*

8   Consultado en línea el 28 de agosto de 2015. http://www.facundocabral.info/ literatura-texto.php?Id=87

sino distraído del todo
que es ahora mismo,
vale la pena ¿verdad?
Si Dios tuviera un refrigerador, tendría tu foto pegada
en él.
Si tuviera una cartera, tu foto estaría dentro de ella.
Él te manda flores cada primavera.
Te manda un amanecer cada mañana.
Cada vez que tú quieres hablar, Él te escucha.
Él puede vivir en cualquier parte del universo, pero ha
escogido tu corazón.
Enfréntalo, amigo, está loco por ti.
Dios no te prometió días sin dolor, risas sin tristeza, sol
sin lluvia, pero sí prometió fuerzas para cada día, con-
suelo para las lágrimas y luz para el camino.
Cuando la vida te presente mil razones para llorar, de-
muéstrale que tienes mil y una razones por las cuales
sonreír.
No estás deprimido, estás distraído".

Muchas veces en la vida permitimos que ciertos fracasos, ciertas desilusiones nos depriman, o en realidad nos distraigan de
vivir la verdadera vida que tenemos para vivir. Hoy te invito a
recuperar y a buscar tus sueños dentro de ti; y a que dejes que
arda nuevamente la llama de la ilusión.

En ocasiones las personas no queremos ilusionarnos para no
desilusionarnos. Cuando obtenemos o logramos algo, sabemos
que es parte de la naturaleza humana no disfrutar plenamente.
¿Por qué? Porque es posible perder todo lo que logras. Mas lo
que eres, no lo perderás. Lo que eres, lo eliges tú.

Tenemos la gran bendición de ser personas libres, y no hablo
de ser libres de los barrotes de hierro, sino libres en el corazón.

Más allá de tu situación puedes tomar la decisión de ser quien quieras ser, cuando quieras serlo. Hoy es el primer día del resto de tu vida. ¿Cuántas veces has sido espectadora de tu vida y has esperado resultados diferentes haciendo las mismas cosas?

*L*O QUE ERES, NO LO PERDERÁS. LO QUE ERES, LO ELIGES TÚ.

Es fácil sentarse en las gradas de la tribuna, y gritarle al jugador para que haga el gol. Es hora de bajar a la cancha y tomar acción. Es tiempo de ser la jugadora principal de tu vida, no de seguir esperando por otros. Hazte responsable de lo que te toca vivir; relaciónate de una manera poderosa.

Hoy es un tiempo para darte cuenta que no todo es tan importante. Hay cosas que antes te arruinaban la vida, pero hoy no son tan importantes, ¿comparado con qué? Comparado con lo importante que eres tú, porque si tú eres importante, es importante lo que tienes alrededor y las relaciones que construyes son importantes. Vas a ver pequeñas las cosas de afuera. Estas ya no van a tener una lupa adelante, y verás que siempre fueron pequeñas; solo que tu perspectiva cambió. Antes veías un gran problema frente a una pequeña persona. Hoy ves una gran persona frente a un pequeño problema. Esa es una decisión tuya.

Hoy tienes herramientas nuevas, hoy tienes distinciones nuevas, y yo estoy segura de que hoy te hiciste una promesa. Elige quien quieres ser, elige ser una mujer poderosa, ser una mujer sin límites, ser alguien que es capaz de conquistar el suelo donde pisa. Sé alguien que tenga resultados en la vida. Si fracasaras en ese objetivo, lo vuelves a intentar porque tu ser no se destruye. Recuerda que será solo un paso más cerca del éxito. Las cosas de afuera, son de afuera, y como reza el viejo dicho: "los de afuera son de palo", no importan. Lo que importa es que edifiques dentro de ti. Si tu vida personal está edificada, lograrás relaciones interpersonales poderosas.

Entonces dirás: "¡Ah, cómo cambiaron mis amigos o mi pareja o mis hijos, o mi familia extendida!". ¿Sabes una cosa? Ellos no, no fueron ellos, fuiste tú. Esto demuestra que puedes hacer la diferencia; puedes marcar un cambio.

Entonces hoy tienes que hacerte responsable. Hoy tu vida depende de ti, así como tu éxito depende de ti. Ya no le puedes echar la culpa a nadie, pero por sobre todas las cosas, sabes que tienes la posibilidad de alcanzar aquello que querías alcanzar, de lograr aquello que querías lograr. Es interesante que nos podamos parar en ese lugar de protagonismo porque tantas veces en la vida hemos sido llevadas por todos los vientos de aquí para allá de las opiniones, y hemos sido víctimas de las circunstancias. Pero ya no más.

Es tiempo de volver a encender tu vida con el fuego de la pasión que te pertenezca; no con el fuego de otro, no con el sueño de otro. Quizás viviste mucho tiempo con el sueño de otra persona, pero no dejes apartado tu propio sueño porque tú eres única. No hay nadie que sea como tú.

*E*S TIEMPO DE VOLVER A ENCENDER TU VIDA CON EL FUEGO DE LA PASIÓN QUE TE PERTENEZCA.

Hay un viejo poema anónimo que a mí me encanta, que dice:

"Tu eres especial, en todo el mundo no hay nadie como tú, nadie tiene tu sonrisa, nadie tiene tus ojos, nadie tiene tu pelo, nadie tiene tu cara, no hay nadie como tú".

En una orquesta hay muchos elementos, muchos instrumentos que conforman la orquesta, hacen el sonido y producen una melodía maravillosa, pero cada instrumento es único. Nosotras tenemos que ser como esos instrumentos únicos, especiales, y que cuando estamos todas juntas, podamos sintonizar una música única, una melodía inigualable; que la combinación de nuestro sonido con otros siempre sea una bendición, para cualquiera que nos quiera escuchar.

¿Qué haces para levantar tu autoestima?

- Sé consciente de que fuiste creada por Dios, de que Dios te hizo a su imagen y semejanza, y que eres su "poema", su obra maestra.

- Valora tus cualidades.

- Reconoce tus debilidades.

- Haz una lista de cinco acciones para bendecirte a ti misma, y toma esas acciones.

- Dedícate tiempo de calidad personal.

- Dedícate tiempo de reflexión.

- Lee la Biblia.

- Renuncia a aquello que no te hace bien.

- Perdónate. Ninguna condenación hay para los que están en Cristo Jesús[9].

- Sé paciente contigo misma.

Mujer, eres única. Créelo, vívelo, sueña y cumple con ese sueño que te propusiste. ¡Adelante!

---

9   Romanos 8:1 (RVR 1995)

CAPÍTULO 4

¡A RECARGAR LAS BATERÍAS!

Es alentador pensar que todo lo que vas a hacer mañana puedes empezar a diseñarlo hoy. Eso significa que este futuro en muchos aspectos está en el plano de tus elecciones. No hablamos solo de una cuestión de tiempo, sino más bien de que puedes diseñar lo que quieres vivir. Se trata de desarrollar tu capacidad creativa; de clarificar aquellas cosas que deseas, esas cosas que sueñas.

Para poder protagonizar tu propia vida en este aspecto, necesitas ponerlo positivo. Eso significa que al hacer tu lista de las cosas que deseas que sucedan en tu vida, lo describes desde la posibilidad. ¿Cuál sería la opción correcta? Por ejemplo:

"Sueño con tener un negocio. Quiero tener un negocio. Tomaré acciones para tener un negocio".

¿Cuál sería la versión negativa de esto?

"No quiero seguir sin tener nada. No quiero fracasar en mi intento de tener un negocio".

No permitas que ningún fantasma del pasado te impida ser o lograr aquello que quieres lograr o ser. Es una tendencia natural en las personas, que vivamos nuestro presente a partir de los juicios del pasado. Vivamos nuestro presente y proyectemos nuestro futuro.

Solemos repetir la historia y muchas veces nos esforzamos por cumplir con aquello a lo que nuestras palabras negativas nos condenaron hace mucho tiempo.

*V*IVAMOS NUESTRO PRESENTE Y PROYECTEMOS NUESTRO FUTURO.

Recuerdo aquella entrevista con una persona que trabajaba en un medio de comunicación, que vino a mí en busca de la posibilidad del desarrollo y producción del nuevo programa televisivo. Cuando comenzamos a hablar de su visión de lo que quería alcanzar, y a saber lo que estaba faltando, con lo primero que nos encontramos fue con la siguiente declaración:

"Quiero lograrlo, pero sé que es difícil. Además, mi historia es una historia de pérdidas". Ella estaba condenando su futuro a causa de su historia, sin darse cuenta de que cada una de sus pérdidas había sido consecuencia de sus malas decisiones. Cuando comenzó a ver la posibilidad y a descubrir un futuro que podía ser libre de las decisiones del pasado, comenzó a diseñar el éxito que quería.

No conozco mejor forma de ser libre para diseñar el futuro que soltar el pasado con todas esas conversaciones que quieren hacerte volver allí. El pasado se convierte en tu zona de confort. Estás acostumbrada a vivir de una determinada manera y aunque no te haga feliz, es lo que conoces, es lo que tienes, es lo seguro. Te invito a que asumas el riesgo y te muevas de ahí hacia adelante. Sal de la comodidad del pasado. No importa si son tus éxitos o tus fracasos los que te detienen. Suéltalo, y camina con valor y seguridad de la mano de Dios hacia un futuro poderoso.

NO LE TEMAS A LOS CAMBIOS

Es común escuchar a las personas quejarse una y otra vez por la misma cosa. Sin embargo, a la hora de hacer ajustes que podrían acomodar o resolver las cosas, no ponen las mismas energías. Cambiar de trabajo, de colegio, de país, de vecindario, de auto, o de carrera no suele ser algo cómodo o fácil. Cada vez que nos enfrentamos al cambio, hay resistencia y parecería que nunca nos adaptaremos. Sin embargo, poco tiempo después de comenzar la actividad o vivir en un nuevo lugar, nos encontramos felices y podemos reconocer los beneficios de ese cambio.

Todos en algún momento nos resistimos al cambio. Aunque parezca obvio, nos cuesta asumir que las cosas no serán como antes. No obstante, para lograr diferentes resultados, debemos hacer cosas diferentes. Cualquier cambio implica modificaciones. Significa que lo que pensé que sería de un modo, ya no será así. Ante la posibilidad de cambio, tenemos que ver qué cosas nos convienen para el futuro, cuáles son necesarias y cuáles son oportunas.

QUITA LAS BARRERAS QUE TE DETIENEN Y TOMA ACCIÓN.

Mujer que quieres ser protagonista: el cambio no es un obstáculo. Es cierto que tiene un costo adicional en nuestras vidas. Requiere salir de la rutina, del automático, y a veces esto produce que otras áreas se vean afectadas. Ante la necesidad de cambio, es importante ponerle pausa a nuestro pensamiento y observar el cuadro completo de nuestras vidas. Para pasar al frente en el escenario de la vida, debes atreverte a ir por ello. Quita las barreras que te detienen y toma acción.

CÓMO ENFRENTAR UN CAMBIO

La primera cosa que tenemos que hacer es mirar el cambio a los ojos, aceptarlo como un desafío. Salir de tu zona de confort no es algo fácil, pero es un paso necesario para tu aprendizaje y crecimiento. Para ser una mujer protagonista, tienes que mirar tu futuro con optimismo. Debes saber que lo mejor está por venir, y que Dios está dedicándole tiempo a diseñar lo mejor para ti. Tienes que saber que en sus fuerzas, recargarás tus baterías cada día, enfrentarás el cambio y alcanzarás lo que elijas ser.

Él está tocando tu vida. Él está llamándote. Algo grande viene y tú estás escogida para que suceda en ti, desde ti y por ti. Por eso estás con este libro en la mano. Fuiste llamada a tener un rol protagónico en tu vida, en la de tu familia, en la de tus seres queridos.

Hoy es el día en que puedes nuevamente consagrar tu trabajo, tu vida, tu familia, y que todo lo que hagas sea en Él. Algo grande viene y para eso fuiste llamada. Las pequeñeces quieren distraerte, y hacerte creer que vale la pena permitirles que ocupen todo tu día y que no hay espacio para sueños; que solo debes ser una espectadora del éxito de otras y dejar pasar los tuyos por las circunstancias, las limitaciones o los problemas.

Pero estoy convencida que Dios te llamó de manera especial.

Así como Giezi aquel día, que pudo ver el ejército de Dios encima de la montaña[10].

---

10   2 Reyes 6:17

Como Abraham en la duda, que miró hacia el cielo y vio la promesa de Dios escrita entre medio de las nubes, contando las estrellas[11].

Como Juan el Bautista, que miró al Mesías delante de él, y supo que empezaba un nuevo tiempo para la posteridad[12].

Como Simeón, que vio en un niño a Jesús el Mesías, y adoró sabiendo que podía ya morirse porque había visto al Rey de Reyes en brazos de su madre[13].

Como Pedro, que vio al Maestro, y nada fue ya más importante que seguirlo[14].

Como los discípulos que cuando Jesús les preguntó qué buscaban, no pidieron dinero, ni sabiduría, ni poder, sino morar en su presencia[15].

Algo grande viene. Solo tienes que levantar tus ojos y mirarlo. Está llegando. Es tiempo de dejar lo cotidiano para mirar lo extraordinario. Él está volviendo por ti y por mí. No mañana, ni en diez años. Sino cada día en cada uno de los que se salvan, de los que confían, de los que se paran, de los que dejan el mal, no por temor, sino por convicción.

ES TIEMPO DE DEJAR LO COTIDIANO PARA MIRAR LO EXTRAORDINARIO.

Algo grande viene y tú formas parte de ello. Usa este tiempo para cantarle, para alabarle, para gritarle. El mundo está por

11   Génesis 15:5
12   Mateo 3: 13-15
13   Lucas 2:25-35
14   Mateo 4: 18-20
15   Juan 6:22-34; Juan 16

cambiar. No en cien años, sino hoy cuando estires tu mano, cuando sonrías, cuando pongas tus pies en sus pisadas. Algo grande viene. ¡Qué bueno poder dejar de preocuparte! ¡Qué bueno no buscar más técnicas para ser feliz, y saber que el amor que viene cubre multitud de pecado, llena vidas, construye puentes en relaciones rotas, sana al herido, levanta al caído!

Algo grande viene. Síguelo y vive con Él, por Él y para Él.

¿Por qué perder más tiempo? Hoy es el día para que la grandeza sea tu estandarte, y tu pasión le muestre al mundo que no hay nada más grande que seguir a Cristo, tu escudo. Él es la más grande fuente de energía y poder para tu corazón, tus circunstancias y tus relaciones.

CAPÍTULO 5

EL DÍA QUE DEJÉ DE SER PERFECTA Y COMENCÉ A SER FELIZ

¡Tenía que estar impecable! Todo tenía que estar perfecto para que las cosas salieran como yo lo había planificado. Allí estaba esperando los invitados, preparando comida, corriendo hasta el último momento para hacer algo más (porque siempre hay algo más que hacer, ¿verdad?).

Había preparado minuciosamente cada plato de comida casera, aunque pude haberla comprado. Sin embargo, estaba enfocada en demostrar que era una buena ama de casa, y capaz de hacer lo que fuera necesario para sostener ese lugar.

Todavía con el pelo mojado y con mi maquillaje a medias, mis ojos rojos por el efecto de champú que había entrado en ellos, comenzaba nuevamente a estar acalorada porque no lograba terminar con todos mis objetivos propuestos. El sonido del timbre interrumpió mi ocupado pensamiento mientras seguía buscando mis zapatos.

En este momento, me gustaría decirte que estaba agotada, pero feliz. Lamentablemente no era eso lo que sentía. Estaba frustrada por no haber terminado lo que quería. Y seguía haciendo, sirviendo, mirando y controlando todo.

Tengo que confesarte que junto con esto, venían pensamientos acerca de mi familia. Todos estaban disfrutando y yo no estaba recibiendo ninguna ayuda. Una vez más, me las tenía que arreglar sola.

No; definitivamente, esta situación no me hacía feliz. Aún cuando estaba diseñada para ser un momento de bendición, yo había logrado arruinarlo.

Desafortunadamente, esa no era la excepción. Más bien se había convertido en la regla para mí. Había desarrollado una increíble capacidad para complicármelo todo, y no estaba disfrutando de aquellas cosas de las que realmente quería disfrutar. Todo por insistir en ser perfecta. Entonces elegí seguir siendo auténtica y dejar de ser perfecta.

Como dice Brene Brown[16] en su libro *The gift of imperfection* (El regalo de la imperfección): "Autenticidad es una colección de elecciones que tenemos que hacer. Se trata de elegir exponernos y ser reales. Es la elección de ser honestas, la elección de permitir que se vea nuestro verdadero ser. Ser auténtica requiere cultivar el coraje de ser imperfecta, de reconocer nuestros defectos y fallas, y muchas veces enfrentar el hecho de no ser brillantes en todo lo que hacemos".

Inmediatamente que empezamos a conocernos, descubrimos quiénes somos, y tenemos la valentía de ser auténticas y poder expresarnos con libertad. Debemos comenzar a diseñar quiénes queremos ser para no seguir defendiendo una vieja manera de ser, y comenzar a desarrollar aquella persona que anhelamos ser; pero no fingiéndola, sino construyéndola.

---

16   Consultado en línea el 28 de agosto de 2015. http://brenebrown.com/

Las personas se pasan la vida preocupadas por retocar su imagen. Sin embargo, llegó el tiempo de trabajar tu ser interior. ¿Quién eliges ser?

DEBES SABER QUE ERES VALIOSA Y NO TIENES QUE SER PERFECTA.

Como mujer necesitamos valorarnos y ser valoradas por los otros. Es probable que nuestro perfeccionismo responda muchas veces a esta necesidad de ser valoradas, tomadas en cuenta. Buscamos demostrar todo lo que podemos hacer o todo lo que sabemos. De alguna manera haciendo "todo bien", podemos ser admiradas y reconocidas. Puede ser que tu caso sea que quieres agradar a todo el mundo. Puede que seas complaciente y se te haya vuelto una prioridad caerle bien a todo el mundo. Queremos que los demás valoren lo que hacemos; que sepan lo que valemos.

No lograrás que otros hagan por ti lo que tú no estás dispuesta a hacer.

Si quieres ser valorada, debes valorarte; si quieres ser aceptada, debes aceptarte. Nada sucederá con los demás si tú no das el primer paso.

Ámate a ti misma y no te compares.

No dejes para mañana lo que puedes hacer hoy por ti.

NO LOGRARÁS QUE OTROS HAGAN POR TI LO QUE TÚ NO ESTÁS DISPUESTA A HACER.

Debes aceptarte y amarte a ti misma ahora, no mañana; no cuando logres bajar los kilos de más, ni cuando estés arreglada, cuando te gradúes, cuando tengas suficiente dinero, o cuando logres lo que sea. No hagas que tu valor dependa de otros ni de las cosas que haces, sino de lo que eres.

Tú eres digna, valiosa, maravillosa.

Dicen que el valor de algo está determinado por lo que esté dispuesto a pagar aquel que lo quiera adquirir. Dios ha pagado por ti y Él estuvo dispuesto a darte el valor de la vida de su Hijo. Ese fue el precio.

Eres una piedra preciosa.

Si tomas un pedazo de madera y una piedra preciosa, ambos sin procesar, ¿cuál crees que será más valioso? Sin duda, la piedra preciosa será valiosa aún cuando no haya pasado todavía por el proceso de refinamiento.

Tal vez el ojo corriente no pueda distinguir que es valiosa, pero eso no cambia lo que ella es.

Cree en ti. Es un aspecto fundamental para edificar tu ser. Eres digna de ser amada, no por lo que das para que te amen. A causa de que te amas y eres amada, das del fruto de tu corazón. Permite que otros te conozcan profundamente. No te preocupes por lo que hay que mejorar o trabajar. Recuerda que los seres humanos estamos "en construcción".

La vida nos ofrece este espacio maravilloso de crecimiento, y nos da la oportunidad de elegir quién ser ante cada desafío. La clave estará en la manera en que te relacionas con estos desafíos o situaciones, sean buenos o malos, lindos o feos, difíciles o sencillos, controlables o incluso irreversibles. Cada día es una nueva oportunidad para elegir y comenzar de nuevo. Habrá temporadas en la vida en las que la lluvia y el viento pegarán duro, pero recuerda que mañana volverá a salir el sol.

¿Mujer perfecta o mujer virtuosa?

Cualquiera de las dos opciones me suena grande. Sin embargo, sabemos que según la Biblia, es posible ser una mujer virtuosa. Cuando recorremos lo que significa en la Palabra ser "virtuosa", se asemeja al concepto de ser "perfecta", pero es una conducta natural en una mujer protagonista, sin imponerse la presión de ser "perfecta" en el sentido absoluto.

La palabra *virtuosa* en el versículo 10 de Proverbios 31, es la misma palabra que se utiliza para describir el carácter de los jueces de Israel, indicando que eran capaces y bien calificados para el trabajo al que habían sido llamados. De modo que se deduce que la mujer virtuosa es una persona capaz y bien calificada para su trabajo, con control sobre su vida y capacidad para conducir a otros. Es una mujer resuelta que habiendo elegido a Dios como el centro de su vida, es firme y fiel a Dios. En Proverbios 31 encontramos a una mujer protagonista. No la menciona por su nombre, pero en ese espacio puedes poner tu nombre.

Esta mujer es primeramente valiosa, más valiosa que una joya. Ella también es confiable y enriquece la vida de quienes la rodean. Hace el bien todos los días de su vida, se hace cargo de trabajar para la prosperidad de su familia, y busca lo mejor para ellos y para sí misma. Es responsable y se hace cargo de su autoridad espiritual en su familia. Es justa con el personal que trabaja con ella. Es inteligente y prudente para cada decisión porque se hace cargo de que sus negocios den frutos. Nunca deja de estar agradecida a Dios. Es capaz de dar a quien necesita, no solo los que tienen necesidad física, sino también espiritual. No tiene tiempo para perder y le da lugar a todo bien.

Confía en que Dios protege su vida, su familia y su futuro, así que no tiene miedo de él. Se viste elegante y toma cuidado de su aspecto físico.

Como mujer protagonista, es una mujer de éxito y edifica su marido para que también lo sea. Disfruta y se ríe sin temor al futuro. Es sabia y lidera con bondad. Está atenta a lo que ocurre en su hogar y no sufre las consecuencias de la pereza. A esta mujer protagonista sus hijos la bendicen. Ella se ganó su respeto que construyó día a día, momento a momento, y su marido la alaba. Él expresa su agradecimiento en forma hablada.

Es muy bueno vivir haciendo el bien, pero vivir conforme al diseño de Dios sobrepasa todos los éxitos.

CONFIABILIDAD Y RESPONSABILIDAD... TAMBIÉN HACIA TI MISMA

Una mujer virtuosa también es confiable. Esta es una cualidad que no surge sola, sino que está basada en la evidencia de las acciones, y de las intenciones que demuestra en una relación y en repetidas situaciones. Es importante que seas tan confiable para ti, como lo eres para los demás.

Algunas claves para fortalecer la confianza en ti misma son:

1. **Respeta** tus deseos, tus sí y tus no. Escúchate.

2. **Discierne** tus intenciones. Pregúntate para qué haces lo que haces.

3. **Traza** un plan de acción.

4. **Establece** prioridades.

5. **Cumple** con lo que te prometes o propones.

La base de la confianza está en el reiterado cumplimiento de las promesas o acuerdos, inclusive al cumplimentar aquello que se espera que suceda de acuerdo a las reglas sociales o culturales, aún cuando no se ha hecho un acuerdo explícito acerca de ello.

Ser responsable te ayudará a fortalecer tu confianza. La responsabilidad es nuestra habilidad de responder ante las situaciones. Es hacerte cargo de lo que te toca. No delegues en otros la autoridad que Dios te ha dado sobre tu vida, tu casa, tu familia, tu trabajo. Dios te ha dado la capacidad y la habilidad para responder. Eso ahora requiere valentía de tu parte para ejecutar y hacer lo que debes hacer.

*S*ER RESPONSABLE TE AYUDARÁ A FORTALECER TU CONFIANZA.

La meta y el objetivo siempre están fuera de ti y dependen de muchos factores. La visión, que es esa mirada con la que eliges caminar hacia el lugar a donde te comprometiste llegar, está dentro de ti. Para llevarla a cabo, debes ser, antes que nada, responsable. Recuerda que "responsabilidad" significa "habilidad para responder".

Tenemos que dejar de pensar que ser protagonista es cuando todo está correcto fuera de ti. Comenzar a hacerte cargo es saber que tienes la habilidad para responder; que puedes responder. Si sientes que Dios te está mostrando algo o ves algo que requiere de ti, no esperes a que otro lo haga. Toma acción aunque no lo sepas todo, aunque no seas o no creas ser la mejor en esa materia. Si tú no, ¿quién? Si no ahora ¿cuándo?

DATE PERMISO PARA EQUIVOCARTE

Encara cada día con alegría y gratitud. Dios hará grandes cosas en el nuevo día y tú seguramente tendrás que tomar muchas decisiones. Una de las grandes murallas que se nos presenta a la hora de tomar decisiones y actuar es el temor a equivocarnos. Fue muy liberador para mí cuando supe que no había solo una manera de hacer las cosas bien. Las cosas no necesariamente tienen que ser de un solo modo. Estaba partiendo de la premisa que decía que si "A" es la respuesta correcta, todas las demás serían incorrectas, y eso me dejaba un margen muy pequeño para el error. Es cierto que esto funcionaría sin excepción. En el caso, por ejemplo, de desarmar una bomba, hay un solo cable que debo cortar para evitar la explosión. Si me equivoco, tendré serios problemas.

Sin embargo, me di cuenta de que esto no aplica a todas las cosas en la vida. En la mayoría de las situaciones, son muchas las opciones que podrían resultar adecuadas. El hecho de que tú tomes una decisión diferente a la que tomaría otra persona en esa misma situación no significa que estés equivocada. Solo enfócate en lo que debes hacer.

Muchas veces pensar que podríamos equivocarnos nos detiene al tomar decisiones. Nos movemos yendo y viniendo entre las opciones que vemos. Imagínate pasar nuestra vida cambiando permanentemente lo que estamos por hacer, porque tal vez estemos equivocadas. Entonces haces arreglos para ir al cine, pero como allí no puedes conversar, mejor sales a comer. ¿Y qué tal si no se ponen de acuerdo a qué restaurante irán? Entonces tal vez sería mejor que cada uno comiera en su casa y se juntaran a tomar un café. O tal vez sería mejor… A estas alturas, por lo menos puedo asegurar que si alguien todavía quiere salir, el entusiasmo ya no será el mismo.

Aún cuando estamos convencidas de que alguna decisión que tomemos es correcta, podríamos equivocarnos, ya que no lo vemos todo. Así que si te equivocas, quiero alentarte a que no te lo tomes tan a pecho, que te perdones y te hagas cargo. Toma siempre la mejor decisión que puedes tomar, y confía en Dios para los resultados. No estés temerosa y ansiosa, pero siempre cuida tu corazón. Él siempre te perdonará, y te ayudará a resolver y a seguir adelante.

El día que dejé de ser perfecta y comencé a ser feliz, elegí hacer lo que resumo como recomendaciones para ti:

- Ámate como eres.

- Trabaja para crecer y ser quien quieres ser.

- Conócete más.

- No tengas miedo de ser tú.

- Disfruta del proceso.

- Luego de reconocer tus debilidades, acéptalas.

- Date permiso para equivocarte.

- No trates de demostrar todo lo que sabes. Los que te aman no lo necesitan y al resto es probable que no les interese.

- Entiende que nadie hace "todo" bien. Eso te hace humana.

- Ríete de tus errores; disfruta el aprendizaje.

- No trates de agradar a todo el mundo todo el tiempo.

- Toma conciencia de que tu valor no depende de tus debilidades y defectos.

Puedes ser auténtica y valiosa. ¡No tienes que ser perfecta!

CAPÍTULO 6

*C*ÓMO SER RESPONSABLE CON TU LENGUAJE

*U*na mujer protagonista se hace cargo de sus palabras, de sus acciones, de su vida.

Seguramente conocerás casos de mujeres que ante diferentes circunstancias se arremangaron, se metieron en situaciones para sacar adelante a su familia, a sus hijos, a su mismísimo esposo. Hemos sido creadas para ayudar de forma responsable y con resultados concretos. Para eso, es hora de mirarte nuevamente al espejo y declararte responsable de tus acciones.

Para ser responsable de ti, debes comenzar a preguntarte el tipo de lenguaje que usas en tu vida cotidiana. Somos lo que hablamos y hablamos lo que somos. De la abundancia de nuestro corazón hablamos con nuestra boca[17]. Por eso una de las partes más emocionantes como protagonista es aprenderte el guión de éxito que Dios ya escribió para ti.

El mismo viene con herramientas lingüísticas que debes incorporar para hacer todavía más poderosa tu participación en la obra, y traer un trabajo intenso en lenguaje verbal, lenguaje

---

17   Mateo 12:34

emocional y lenguaje corporal. El lenguaje es, por sobre todo, lo que hace de los seres humanos el tipo particular de seres que somos. Los seres humanos somos seres lingüísticos, seres que vivimos en el lenguaje. El lenguaje es la clave para comprender los fenómenos humanos.

*S*OMOS LO QUE HABLAMOS Y HABLAMOS LO QUE SOMOS.

Por siglos, hemos considerado al lenguaje como un instrumento que nos permitía describir. Se suponía que el lenguaje nos permitía hablar sobre las cosas. Se asumía que la realidad antecedía al lenguaje y este se limitaba a "dar cuenta" de ella. Esa es la concepción contable del lenguaje. El lenguaje no solo nos permite hablar sobre las cosas. El lenguaje hace que sucedan cosas. Nuestro lenguaje puede ser descriptivo o generativo. El lenguaje descriptivo cuenta lo que está hecho y los eventos que suceden o han sucedido. El lenguaje generativo es el que provoca que sucedan las cosas.

ACTOS LINGUÍSTICOS

Hay una gran cantidad de idiomas diferentes con modismos diferentes, correspondientes a diferentes culturas. Sin embargo, en todos ellos siempre encontraremos los mismos actos lingüísticos. Estos son:

- Afirmaciones
- Declaraciones
- Juicios
- Promesas
- Pedidos

- Ofertas

Voy a darte un breve panorama de estos:

Afirmaciones o descripciones- Como la palabra lo indica, describen hechos, situaciones u objetos, son comprobables, y pueden ser verdaderas o falsas. Hablan del mundo existente.

Declaraciones- Se nos presentan para la posibilidad. Crean el mundo que no existe. Pretenden cambiar el mundo. El poder de la lengua esta en la declaración, aunque esta puede ser poderosa o no serlo. La declaración puede ser válida o inválida, y esto dependerá de la autoridad de quien la emita.

Juicios- Es el proceso mental por medio del cual decimos que algo es de un modo o de otro. No describe nada de afuera. Es una interpretación de un hecho, habla del observador y le pertenece a él. Los juicios siempre son declaraciones. Las declaraciones generan mundos nuevos, y crean nuevas realidades que solo existen en el lenguaje. Los juicios nos sirven para diseñar nuestro futuro. Los juicios no son ni verdaderos ni falsos.

Cada vez que enfrentamos algo nuevo, comenzamos a emitir juicios automáticamente. Es valioso comprender cómo los juicios conectan el pasado, el presente y el futuro. Debido a la fuerte relación que tienen con el pasado, suelen ser sumamente conservadores.

Los juicios pueden ser fundados o infundados. Se fundan en la acciones del pasado. Tenemos que proporcionar afirmaciones para fundar nuestros juicios.

¿Qué necesitas para fundar un juicio? Debes tener en cuenta estos cinco puntos:

1. Para qué estás emitiendo este juicio.

2. Cuál es el estándar en el que te estás moviendo.

3. En qué dominio se encuentra este juicio.

4. Hechos que sustenten este juicio.

5. No poder fundar el juicio contrario.

Si un juicio no cumple con estos cinco requisitos, estamos en presencia de un juicio infundado.

Los pedidos y las ofertas - Están relacionados con las promesas, pues cuando pides y alguien acepta, estás recibiendo la promesa de cumplir. Cuando ofreces y alguien acepta, tus palabras se convierten en una promesa que debes cumplir.

Muchas veces observamos una situación como si fuera una puerta cerrada con llave. Nos quedamos esperando que esa puerta se abra, cuando en realidad tenemos la llave en nuestras manos. Esa llave se llama pedidos. A menudo, no recibimos algo simplemente porque no lo pedimos, o porque lo pedimos mal. Es muy común que cuando creemos que hacemos un pedido, realmente solo estamos expresando un deseo. No es lo mismo, ni produce el mismo resultado cuando digo, "tengo frío", que cuando digo, "por favor, apaga el aire acondicionado", o "enciende el calefactor".

Sin embargo, a las mujeres especialmente nos gusta hablar de manera indirecta, y esperamos que lo demás nos interpreten y cumplan con aquello que pensamos, pero no expresamos con claridad. Así que a la hora de hacer un pedido, será necesario tener en cuenta:

•   Exactamente lo que quieres obtener.

•   Decir con precisión cuándo lo quieres.

- Especificar las condiciones de satisfacción que cumplimentan lo solicitado.

- Transmitir este pedido de manera completa.

Te sorprenderás de los cambios y resultados que verás en tu vida cuando te atrevas a pedir de la manera correcta.

DIME LO QUE HABLAS Y TE DIRÉ A DÓNDE LLEGARÁS.

Las malas conversaciones corrompen las buenas costumbres. Las conversaciones en las que vivas hoy determinarán tu mañana. Los seres humanos, dado que somos seres sociales, tenemos la necesidad de relacionarnos. Las relaciones nacen y viven a partir de la comunicación, pero con ella surgen también los malos entendidos.

Nuestra comunicación debe llevar un sano equilibrio entre nuestro hablar y nuestro escuchar, y entre lo que decimos y lo que callamos. Nuestro lenguaje influye directamente en el mundo en nuestras relaciones interpersonales. Citamos a Sigmund Freud[18] cuando dijo: "Uno es dueño de lo que calla y esclavo de lo que habla".

Casi la totalidad de los actos que realizamos requieren de coordinar acciones con otras personas. Por esa razón debemos desarrollar la competencia necesaria para utilizar correctamente estos actos lingüísticos. Sobre todas las cosas debes cuidar tu corazón, para que lo que salga de él sean palabras de bendición a través de cualquier acto lingüístico que utilices. Utiliza tu lenguaje describiendo con veracidad y declarando con autoridad.

---

18   Consultado en línea el 28 de agosto de 2015. http://www.frasedehoy.com/frase/874/uno-es-dueno-de-lo-que-calla-y-esclavo-de-lo-que-habla

*U*TILIZA TU LENGUAJE DESCRIBIENDO CON VERACIDAD Y DECLARANDO CON AUTORIDAD.

Entre todos los beneficios que te dará hacerte responsable del uso de tu lenguaje encontrarás que serás más confiable para otros, y confiarás más en ti misma. Además, disfrutarás de no necesitar estar a la defensiva.

LA IMPORTANCIA DE TUS PALABRAS

Con las palabras construimos o destruimos. No solamente es el contenido que tienen las palabras, sino la manera en que las utilizamos y el ánimo que exponemos. Las palabras siempre preceden a las acciones. Si te dices cosas como por ejemplo, "soy tonta" o "siempre hago las cosas mal", así va a terminar sucediendo. Te estás dando la orden directa de hacerlo mal.

Cuando cometemos un error, generalmente nos sentimos culpables. Traemos la culpa de nuestra infancia porque la hemos aprendido. ¿Qué pasaría si eligieras no darle lugar a la culpa y simplemente, haciéndote cargo de tu error, cambiaras tu declaración y dijeras: "La próxima vez lo voy a hacer mejor. Yo puedo"?. Tu mente formará un nuevo sistema de creencias que te hará avanzar en la dirección correcta y adecuada para ti.

Las palabras negativas hacen daño porque están cargadas de energías negativas, y siempre tienen poder. Así que cuando hables de ti, habla lo bueno. Cuando hables de otro, también habla lo bueno. Como solía decir mi padre: "Si no tienes algo bueno para decir de alguien, mejor no digas nada". Es importante que notes que aquello que hablas de otros tiene más que ver con tu mirada que con la verdad. Los juicios que emites y aquello que dices de otros hablan más de ti que de la otra persona. Puedes terminar intoxicando tus conversaciones y tus relaciones.

$\mathcal{A}$QUELLO QUE HABLAS DE OTROS TIENE MÁS QUE VER CON TU MIRADA QUE CON LA VERDAD.

VIVIR RESPONSABLEMENTE

Cuando no nos atrevemos a declarar nuestra ignorancia en una materia o situación, generalmente está relacionado con la imagen propia que queremos conservar delante de los demás. Cuando tenemos un gran compromiso con nuestra imagen, necesitamos dedicar tiempo y energías para conservarla tal cual creemos que debería presentarse. Esto nos pone en una situación delicada, ya que debemos cuidar permanentemente cada cosa que hacemos o decimos, para no ser descubiertas en una imagen que no queremos dar.

Algunas contras de esto que llamamos "compromiso con la imagen" son:

- No te permitirá ser tú misma.

- Te dificultará buscar ayuda y hacer pedidos, ya que eso expondría tu vulnerabilidad.

- Vivirás maquillando las situaciones.

- Tendrás cada vez más dificultad para decir "no".

- No podrás darle el lugar a las "declaraciones de basta".

- Limitará tu crecimiento.

- No podrás darle el lugar a las "declaraciones de ignorancia".

Recuerda que son las declaraciones las que cambian tu futuro; las que te van a llevar a crear el mundo en el quieres vivir.

Te invito a que camines liviana. Suelta el equipaje que lleva la pesada carga de conservar una imagen ideal que exige todo de ti y jamás te dará nada. Sé feliz reconociendo y agradeciendo lo que eres, lo que haces, y lo que tienes. Emociónate ante el desafío de crecer, de aprender, de ser mejor, de alcanzar nuevos logros. Como aprendices, estamos en una verdadera búsqueda de nuestro crecimiento. Entonces la ignorancia se vuelve nuestra aliada y una figura importante en el proceso que vivenciamos.

Hazte cargo de quien eres, teniendo la habilidad de responder por todo lo que ya pasó. Porque lo que pasó, pasó. Ahora hazte cargo de tu futuro. Diseña, disfruta de tus sueños, de tu visión, y de ver a Dios trabajando en tu vida, supliendo todo lo que te falte, sabiendo que no estás sola porque Él está contigo en cada paso. No se separará de ti ni un poquito. Aún cuando no lo veas, no significa que no esté allí justamente contigo. Entiende que Dios no te abandona jamás. Eres su creación, su poema, su obra maestra. Te ha dado la oportunidad de esta vida para que lo conozcas y tengas resultados, usando cada herramienta de bendición que te ha regalado. El secreto del juego está en la manera que utilizarás el regalo.

¿Cómo vivirías cada día teniendo la absoluta seguridad de que Dios te está cuidando, y está listo y preparado para bendecirte, suplirte y amarte? Mientras te mira, Él sonríe; disfruta con tus logros y los celebra. Dios está esperando para que abras tu boca en oración y le pidas con fe, con esa clase de fe que hace que las circunstancias negativas se vean pequeñas y pasajeras.

$\mathcal{E}$L SECRETO DEL JUEGO ESTÁ EN LA MANERA QUE UTILIZARÁS EL REGALO.

PALABRAS QUE SON COMO GOLPES DE ESPADA

"Es la verdad y no puedo dejar de decírtela" manifiestan cotidianamente aquellos que, a sabiendas o inconscientemente, usan su lenguaje para herir a quienes tienen cerca.

¿Es tu caso? La Palabra de Dios no habla bien de aquellos que tienen incontinencia verbal, y andan golpeando cual espada la mente de otros, pero se puede cambiar.

En Proverbios 12:18 dice que hay hombres cuyas palabras son como golpe de espada, mas la lengua de los sabios es medicina. No se trata de decir "todo lo que es" porque "yo lo sé" o de desplegar mis juicios personales porque es lo que "yo pienso" y "te soy honesta". Permíteme que te diga que eso más que honestidad es egoísmo, ya que se trata de tu mirada y no de la verdad; de descargar tus emociones y no de ayudar al otro. Recuerda que los juicios no son verdaderos o falsos; sino fundados o infundados.

Aquí se muestran dos caminos que pueden tomar las palabras: como golpes de espada o como medicina. Dice que es en la boca del sabio que las palabras serán beneficiosas. Sabio no es aquel que se envanece con el conocimiento, sino aquel que ha elegido aplicar el conocimiento a favor del bien común. Si eres de aquellos que quieren ayudar a otros a sanarse y escuchar la voz de Dios para que esta libere sus corazones; si eres de aquellas personas que eligen generar espacios de bendición y liberación; si estás preocupada en ayudar a otros a salir de maldiciones del pasado y pararse en bendiciones del futuro, tienes que entender que la sabiduría que vale viene de lo alto. Si se la pides a Dios, Él te la dará abundantemente y sin reproche.

Una mujer protagonista, además de tener un corazón poderoso, debe ser lingüísticamente poderosa a través de su lenguaje, tanto verbal como corporal y emocional.

TIEMPO DE HABLAR PODEROSAMENTE

Hoy es nuestra hora de comunicarnos poderosamente. *"La muerte y la vida están en poder de la lengua"*, dice Proverbios 18:21 RVR 1960. ¿Cómo es tu lengua? Como hija de Dios, ¿eres una persona poderosa en el hablar? ¿Cuántas áreas de tu vida están muertas? Pregúntate qué estás hablando acerca de esas áreas. ¿Quieres ayudar a otros a mejorar sus áreas débiles? Ayúdalos a través del lenguaje.

"Y el que la ama, comerá de su frutos" sigue sabiamente enunciando el versículo. El que empieza a entender y a amar el ser una persona responsable con su hablar, y usarlo para producir y no solo para describir, y el que dedica su tiempo a entender la importancia del tipo de conversaciones, a las comunicaciones que genera y el lenguaje que genera, va a comer de sus frutos.

Dentro de la sabiduría, una de las cosas más importantes será cuándo hablas. Elige los momentos para cada conversación. Pregúntale a Dios, recuerda que sus pensamientos son más altos que nuestros pensamientos, sus caminos mejores que los nuestros, y sus tiempos son los tiempos perfectos. Hacer lo correcto en el momento incorrecto lo vuelve incorrecto.

Entendamos cuánto podemos hacer si "hablamos poderosamente". Si hasta hoy no ha sido así, podemos comprometernos a prepararnos para cambiar. No es un problema no saber, ni lo es no estar preparado. El verdadero problema es que no te comprometas una vez que viste la necesidad de hacerlo.

$\mathscr{H}$ACER LO CORRECTO EN EL MOMENTO INCORRECTO LO VUELVE INCORRECTO.

Una vez que vemos algo, no podemos dejar de verlo. Si comenzaste a ver lo que está faltando en tu lenguaje, en tu preparación o en tu vida, es hora de que tomes acción. No esperes las condiciones perfectas. Traza el rumbo y comienza a caminar.

¿TU LENGUAJE ES DESCRIPTIVO O GENERATIVO?

Muchas mujeres son víctimas primero de ellas mismas, de cómo usan su lenguaje, cómo se comunican cotidianamente con todo lo que les pasa. ¿Cuántas veces te pasa que usas tu lenguaje solo para describir la realidad que crees ver, y no para generar aquello que fuiste llamada a hacer?

Vemos, constantemente, líderes de ciudades, iglesias u organizaciones usando el lenguaje solo para describir las realidades que ven, o transmitir sus experiencias. Son expertas en excusas y justificaciones, pero no ven que el propósito fundamental de ser seres lingüísticos es que a través de nuestro lenguaje podemos constantemente re-crear el mundo en el que vivimos.

Detente a pensar qué has hecho en el último tiempo con esa maravillosa opción que Dios te ha dado llamada "habla". ¿Solo has contado lo que creías ver, descrito todo lo que pasa alrededor, jugado con los detalles de las circunstancias y visto cómo te acomodabas a ellas? ¿Has hablado y te has relacionado con otros solo por lo que se veía, en vez de por aquello que Dios te ha prometido? ¿Has usado el lenguaje que Dios te ha dado para mirar atrás, revolcarte en el fango de la historia, y justificar todo lo que no lograste, o para contar aquello que te tiene angustiada, preocupada, deprimida, alejada? ¿O has usado esa increíble posibilidad para hablar de aquellos lugares a donde irás, para declarar tu pasión por Dios, para contarle al mundo que estás comprometida a caminar en medio de cualquier situación, porque sabes que tu Dios es fiel y su fortaleza increíble?

Es hora de hacer lo que fuimos llamadas a hacer. Una de esas cosas es elegir usar el lenguaje para comenzar a declarar el mundo en el que queremos vivir, y para decirle a las circunstancias que por más gigantes que sean, tu Dios estará siempre contigo. Es hora de elegir usar el lenguaje para decirles a los monstruos de esta sociedad que buscan comerte, que esta tierra es tuya, que Dios te la ha entregado, que irás por ella. Elige usar el lenguaje para decir que la felicidad, la bendición, la paz para tu pueblo y para ti es algo que Dios ha declarado, y que tú también lo declaras como lo que sucederá en el futuro que Dios quiere para ti.

Dios no te quiere mirando para atrás, ni describiendo lo que pasó o no pasó, sino declarando lo que Él ya te prometió. Vive la vida tal como Dios quiere que la vivas. No temas, esfuérzate y sé valiente. Dios ha abierto puertas para ti. Ahora te toca a ti pasar por ellas y disfrutar de la bendición.

DECLARA UN NUEVO DISEÑO PARA TU VIDA

Creo que eres un tapiz en blanco en el que todo está por hacerse. No importa la edad que tengas, tienes mucho más futuro que pasado. Sé también que Dios nos ha invitado a desarrollar un lenguaje generativo para el diario vivir. Desde los comienzos de las eras nos invitó a declarar, a hacer uso de nuestro lenguaje para mirar hacia adelante, a caminar con poder y con la frente bien alta, eligiendo cada día. Dios alumbrará tu camino y su Palabra será lámpara a tus pies[19].

Dios nos dio la libertad de acción y la posibilidad de generar una nueva realidad comenzando en nuestro lenguaje, declarando poder, declarando bendición, declarando los compromisos que iremos desarrollando en el próximo tiempo.

No es solamente describiendo. Describir no es malo; nos permite observar hechos ocurridos. Pero el declarar nos permite crear los que van a ocurrir.

$\mathcal{E}$L DECLARAR NOS PERMITE CREAR LOS HECHOS QUE VAN A OCURRIR.

Es tiempo de elegir lo que quieres vivir. Respira hondo, relájate, piensa por un momento, elige, y disfruta de vivir una vida comprometida.

19   Salmos 119:105

CAPÍTULO 7

CÓMO GENERAR RELACIONES SANAS

Uno de los planos más relevantes para una mujer protagonista es el de sus relaciones. Particularmente, una de las cosas que más disfruto es dedicarles tiempo a mis relaciones interpersonales.

Hay distintos tipos y niveles en las relaciones. Dentro de las distintas relaciones encontramos las personales, las laborales y las casuales. Estas últimas no necesitan mucha explicación; simplemente requieren de una base de educación para relacionarte. Podría ser el caso de la maestra de tus hijos con quien mantendrás una relación durante todo el año, pero no necesariamente tendrás algún grado de amistad.

Las relaciones laborales son importantes, pues pasarás trabajando muchas horas de tu día. Además, deberás coordinar acciones con el fin de alcanzar objetivos comunes para la tarea en cuestión. Es óptimo tener una relación cordial que podría ser profunda, pero en general y necesariamente no lo será. Estas existen a partir del nexo que nos une en este caso en la actividad laboral. En la mayoría de los casos si terminara esa actividad, la relación se vería interrumpida parcial o totalmente.

Luego tenemos las relaciones personales. Entre ellas tenemos relación de pareja, matrimonio, hijos, familia en general, amigos, vecinos.

AMISTAD

Cuando hablamos de amistad me resulta imposible no recordar la relación de David y Jonatán[20]. Dios nos pone este como un ejemplo de amistad verdadera, y una de las cosas más importantes que existía entre ellos era la confianza. David era perseguido por Saúl, el padre de Jonatán. Saúl quería matar a David, y en muchas ocasiones fue la amistad de Jonatán lo que salvó su vida.

La verdadera amistad requiere veracidad, perdón y la libertad de elegir. La verdadera amistad busca el corazón, ama desinteresadamente. La verdadera amistad pasa por alto los errores. En la Biblia dice que *"hay amigos más fieles que un hermano"*[21]. Para tener amigas, debes mostrar que eres amiga.

¿QUÉ TIPO DE AMIGA QUIERES SER?

La amistad verdadera requiere una responsabilidad mutua para animarse y perdonarse, y un deseo por ver el crecimiento y desarrollo de la otra. Una amiga celebra el éxito de la otra. Ofrece la posibilidad de compartir sentimientos y pensamientos, sin miedo a ser criticada o juzgada.

La amistad necesita tiempo de dedicación. La fidelidad y la lealtad son claves para una amistad verdadera, y no debe haber lugar para murmuraciones. Debes sentirte libre y no tener el sentimiento de preocupación acerca de si tus secretos están en

---

20   1 Samuel 18-19
21   Proverbios 18:24

buenas manos, o mañana todos sabrán de esa conversación. Es bueno compartir gustos y actividades, pero del mismo modo valorar y respetar las diferencias; valorar y validar a la otra, y valorarte a ti misma. Debes ser confiable en tu hablar y en tu hacer. Está comprobado que para mantener una relación de amistad o de pareja es necesario expresar agradecimiento, ya que muchas veces estamos agradecidos, pero no lo decimos.

$\mathcal{D}$EBES SER CONFIABLE EN TU HABLAR Y EN TU HACER.

Necesitamos generar contextos para desarrollar conversaciones que alimenten la relación. Generar una visión positiva el uno del otro nos lleva a querer invertir más tiempo y talentos en esa relación. Esto también hará que se alimente la confianza mutua, y permitirá hablar de temas íntimos, delicados o preocupantes, lo cual es determinante para la preservación de la relación.

Para mantener sanas tus relaciones, otra clave que deberemos tener en cuenta es aprender a decir que no. En muchos casos, sea para evitar conflictos o para agradar, decimos que sí cuando realmente queremos decir no. Esto puede desembocar en dos cosas. La primera es que estaré dando un mensaje errado, haciéndole pensar a la otra persona que ciertas cosas están bien o me gustan, cuando en realidad no es así. La segunda es que cuando no fijamos límites, podría suceder que una de las partes abuse de la confianza extendida en la relación, generando así un quiebre en la misma.

Las relaciones sanas siempre cuentan con perdón y comprensión. Esfuérzate por estar presente para el otro, ya que estar presente honra a la otra persona con el regalo de tu ser, no solo físicamente, sino con una actitud de entrega. Busca empatizar, poniéndote en su lugar.

HIJOS

En una ocasión me preguntaron cuál era la clave para el tipo de relación que mantengo con mis hijas. Tengo tres hijas maravillosas: dos de ellas son jóvenes adultas y la pequeña es adolescente. Claro que en algún momento todas fueron adolescentes. Amo a mis hijas con todo mi corazón, y gracias a Dios siempre tuvimos una excelente relación de confianza, amor, compañerismo y confidencialidad.

La primera cosa importante es enseñarles a tus hijos lo que la Biblia dice acerca de la relación de los hijos con sus padres. La otra cosa es seguir la instrucción de lo que la Biblia dice que los padres deben hacer con los hijos, y cómo debemos conducirnos. Los hijos deben obedecer y honrar a los padres. Los padres, quienes tenemos la obligación de disciplinar y amonestar a nuestros hijos, debemos hacerlo sin provocarlos a ira. Esto no es algo que se me ocurrió a mí; lo dice claramente la Palabra de Dios[22].

Así que una de las cosas que yo me propuse desde que tuve mi primera hija fue tener "buena memoria". Toda vez que me conectaba con las cosas que había hecho en mi infancia y mi adolescencia, se me hacía más fácil comprender que no nacemos disciplinados ni amonestados, ni sabiendo lo que debemos hacer, sino que todos necesitamos ser instruidos en amor.

No estoy diciendo que todo será perfecto, pero eso te ayudará a mantener un vínculo de bendición, comprensión y armonía mientras ejerces disciplina. Los seres humanos aprendemos por repetición. Por eso la disciplina es necesaria. Además, nuestra naturaleza humana siempre nos conducirá a desafiar lo bueno

22   Efesios 6:4 (RVR1995)

y la autoridad. Es nuestro deber disciplinario acompañar una y otra vez a nuestros hijos a la amonestación del Señor, hasta que ellos mismos sean capaces de rendir sus propias vidas al Creador.

En todas las relaciones hay algo que es fundamental, y es ser honesta siempre, pero hazlo en el tiempo correcto. Debes tener en cuenta la combinación de lo necesario, lo conveniente y lo oportuno. Muchas veces es necesario conversar acerca de un tema, pero no resulta ser oportuno. Otra vez es conveniente, pero no es necesario. Otra vez parece ser oportuno, pero no es necesario, y tal vez tampoco conveniente. Así que si combinas estas tres cosas, estoy segura de que encontrarás el momento perfecto para tus conversaciones.

DEBES TENER EN CUENTA LA COMBINACIÓN DE LO NECESARIO, LO CONVENIENTE Y LO OPORTUNO.

Todas las conversaciones que tenemos afectan nuestras relaciones, sea de manera positiva o negativa, así que mide y determina las consecuencias. No solo te ahorrarás muchos dolores de cabeza, sino realmente traerás abundantes resultados a tu vida. Habla con claridad, y pregunta con libertad.

MATRIMONIO

Después de la relación con Dios y contigo misma, la relación de pareja es la más importante y sublime que Dios pudiera diseñar, porque reúne las condiciones de todas las relaciones anteriormente mencionadas. Tu esposo debe ser tu mejor amigo, y esto requiere la comunicación más profunda. A través del tiempo, al pasar por las diferentes estaciones de la vida, tendrás que amar, comprender, perdonar, pedir perdón, hablar, callar y cuidar de mantener la pasión desde tu voluntad, tu deseo y tu compromiso de ser feliz y hacer feliz a tu cónyuge.

Definitivamente no estoy hablando de ser perfecta o de que tu esposo lo sea. Tú, como mujer protagonista, serás capaz de cuidar, honrar y bendecir a esa persona que Dios te dio, siendo una posibilidad para él, ayudándolo a elevarse a la altura del llamamiento y propósito de su vida, y permitiéndole e invitándolo a que pueda hacer lo mismo contigo.

ANÍMATE A DISEÑAR EL FUTURO

Animarse a diseñar el futuro comienza con elegir. La elección te permite hacerte cargo de este futuro. Empieza a ver la vida desde la protagonista, dejando de lado a la víctima que todo lo describe. Toma tiempo para diseñar tus relaciones, y comprometerte a ser una posibilidad. Hazte responsable de tu lenguaje; observa cuáles son los resultados que produces. Hazte responsable de tus conversaciones más allá de las circunstancias, de la cultura, de lo que esté sucediendo fuera de ti, sea bueno o malo. Si comienzas a generar nuevas realidades, estarás empezando a vivir desde una nueva mirada.

<hr>

*A*NIMARSE A DISEÑAR EL FUTURO COMIENZA CON ELEGIR.

<hr>

Recuerda que las relaciones y las conversaciones van de la mano, así que no te demores en aplicar con amor todo lo que puedas, porque solamente de esa manera puedes asegurarte que jamás fracasarás. El amor nunca fracasa. Disfruta de cada relación. Da todo lo que puedas sin condiciones, y déjate bendecir.

Capítulo 8

*I*NTERVENIR LAS EMOCIONES PARA QUE NO TE TENGAN

¿*S*abías que alrededor del 40% de la felicidad tiene que ver con la actividad intencional? El 50% es temperamento y disposición, lo cual incluye tus paradigmas y patrones mentales. Solo el 10% de la felicidad es determinado por tus circunstancias. Esto significa que las elecciones y las acciones que tomes tienen un impacto directo sobre cuán feliz eres.

La felicidad no es solamente acerca de lo que pasa en tu vida. Tiene que ver con la manera en que te relacionas con aquello que sucede, que piensas, y el contexto que generas alrededor de ti.

Tienes el control sobre estos factores. Si quieres hacer crecer la cantidad de gozo y plenitud en tu vida cada día, lo puedes hacer siendo responsable; teniendo la habilidad de responder haciéndote cargo intencionalmente. Como dijo el apóstol Pablo, *"He aprendido a vivir en todas y cada una de las circunstancias, tanto a quedar saciado como a pasar hambre, a tener de sobra como a sufrir escasez"*[23].

---

23   Filipenses 4: 11-12

DICEN QUE LAS MUJERES SOMOS MÁS EMOCIONALES QUE LOS HOMBRES

Jaak Panksepp, profesor emérito de psicología de *Bowling Green State University* en Ohio, Estados Unidos, y experto en neurociencia afectiva, afirma que las siete emociones básicas son la búsqueda (entusiasmo), el miedo, la furia, el cuidado o protección, el dolor, el deseo y el juego. Asegura que estas emociones no emergen de la corteza cerebral, responsable del pensamiento complejo, sino de estructuras más primitivas entre las que se incluyen la amígdala y el hipotálamo[24]. Algunos de sus numerosos estudios lo llevan a la conclusión de que las mujeres somos más emocionales que los hombres. Puedes tener emociones; es bueno. Pero que las emociones no te tengan. La mujer protagonista sabe intervenir sus emociones, y sus emociones no la tienen.

Te invito a profundizar en este importantísimo tema en el estupendo libro que escribió mi esposo, Héctor Teme, titulado *Emociones que conducen al éxito*, publicado por Whitaker House Español. Luego de muchos años de estar trabajando con líderes de Iberoamérica, vio cómo a pesar de que muchos de ellos tenían grandes talentos, recursos y éxito, la falta de intervención correcta en sus emociones les tenían atrapados o los llevaban a la ruina. Lo mismo puede ocurrirte a ti, y es importante que aprendas a intervenir tus emociones. Voy a compartirte algunas enseñanzas del libro, que de seguro te serán de provecho.

Las emociones son estímulos que te predisponen a la acción, y debes dedicarles tiempo para que te acompañen hacia donde eliges ir. Posiblemente estás tan dedicada y acostumbrada a "sentir" y regir tu vida por lo que "sientes", que crees que lo que sientes es la verdad absoluta. No te das cuenta de que eso que

---

24   Consultado en línea el 28 de agosto de 2015. http://www.ncbi.nlm.nih.gov/pmc/articles/PMC3181986/

sientes viene de las circunstancias, de las otras personas, de ti misma, de Dios, o de tu propia historia. A veces creemos que lo que sentimos es la verdad porque nuestra propia cultura y vivencias nos lo dicen. La emoción es verdad en tu vida cuando la haces propia, la internalizas; pero con frecuencia ni siquiera es tuya.

Eso nos lleva al siguiente pensamiento que se convierte en un callejón sin salida. Dado que lo que sientes lo crees como verdad y realidad, entonces no puedes negar que las cosas son como son, sin darte cuenta de que las sientes como eres y desde allí es que las vives. Los hechos son verdaderos o falsos, mientras la interpretación de los hechos te pertenece exclusivamente a ti. La emoción no es verdadera o falsa. Te corresponde a ti; tiene que ver contigo.

Es bueno que te preguntes: ¿Las actividades que estoy realizando, las situaciones por las que estoy pasando, las emociones que dejo que me tengan, sacrifican mi futuro por el placer del momento? El modelo de emociones momentáneas que te tienen pueden hacer que sacrifiques el futuro por el placer del momento. Y tú quieres ser una mujer protagonista, de camino a diseñar tu futuro. ¿Recuerdas que hablamos de tener cuidado de que los objetivos estén alineados a tu visión, para que no interfieran con su realización? Tampoco quieres que te tengan emociones que sacrifiquen tu futuro por un objetivo momentáneo. Pregúntate si las emociones que tienes hoy te llevarán a ser la mujer que deseas ser mañana. Si la respuesta es no, entonces sabes dónde tienes que poner tu énfasis. Ser una mujer protagonista implica hacerte cargo de trabajar contigo para elevarte, y dejar de echarle la culpa a tus estados de ánimo o a tus circunstancias, de lo que sucede o no sucede contigo.

Asumir el rol protagónico de tu vida te lleva a dar lo mejor de ti, y puedes hacerlo y lograrlo. Dios diseñó cada emoción y cada sentimiento para que los vivamos y disfrutemos de un modo especial, y no para que estemos envueltas en ellos sin saber qué hacer o cómo salir de ahí. Tú puedes intervenir tus emociones y cambiarlas para lograr el resultado deseado, de manera que tengas la posibilidad de elegir qué quieres que pase en tu vida. Al intervenir las emociones, llegarás al estado de ánimo deseado, haciéndote protagonista y no víctima de la situación que vives.

*A*SUMIR EL ROL PROTAGÓNICO DE TU VIDA TE LLEVA A DAR LO MEJOR DE TI.

Nuestro modelo de MétodoCC de coaching cristiano te muestra cómo intervenir las emociones. Esto te permitirá ver lo que hasta ahora no viste, y lograr un resultado extraordinario.

- Comienza a intervenir tus emociones, de modo que las mismas estén alineadas con la visión que deseas.

- Abraza la posibilidad de contagiar emociones positivas a tu entorno.

- Reinterpreta tus emociones; no las controles.

- Logra que tus emociones sean un espacio de bendición y no un lugar desde donde decides acciones.

Cuando intervienes tus emociones, entiendes que el hecho vivido es concreto; lo que sientes es interpretativo. Esto no significa que puedes cambiar tus hechos, sino que eliges cambiar la interpretación que les das. Puedes mirar para atrás y cambiar la mirada.

Tú puedes intervenir las emociones si diseñas un futuro poderoso que tenga que ver con tu visión, y con la unción de Dios en tu vida. Puedes intervenir tus emociones si tomas conciencia de la importancia de traer el futuro al presente; de comenzar a ser quien eliges ser más allá de las circunstancias o de todo tipo de estímulo sensorial, cultural, biológico, relacional o personal. El saber hacia dónde vas te permite vivir una vida equilibrada.

El HECHO VIVIDO ES CONCRETO; LO QUE SIENTES ES INTERPRETATIVO.

Elige hacia dónde ir y comprométete con eso. Lo primero que debes hacer cuando la emoción te tenga es venir desde el compromiso. Comprometerte hacia la visión que tienes es lo que cambia el mundo en el que vives por el mundo en el que quieres vivir. Y desde ahí puedes intervenir tus emociones porque sabes quién eres y hacia dónde eliges ir. Tienes una visión clara y un compromiso en acción cuando te alineas a la persona que eliges ser, sin que las emociones tengan el poder de enturbiar tu visión.

Somos mujeres protagonistas, no para controlar ni eliminar nuestras emociones. Dios nos da emociones para hacer algo poderoso. No fuimos diseñadas solamente para sentir, ni para que las emociones sean un recurso no usado. Fuimos moldeadas para vivir plenamente, sentir plenamente y que cada una de nuestras emociones nos sirva para amar más a Dios, darle gloria y bendecir a su gente. Ser protagonista significa sentir el poder de su grandeza en mí, y mirar a través de sus ojos y no de las circunstancias.

¿Y los estados de ánimo que dicen que son tan variables en nosotras? Igual que las emociones, los estados de ánimo no deben controlarse; hay que aceptarlos y construir sobre ellos. Si tratamos siempre de controlarlos, ellos terminarán controlándonos. Al analizarlo, vemos que los estados de ánimo son transportables, temporales, colorean y lo condicionan todo; son contagiosos y nos poseen. Los estados de ánimo son como los lentes a través de los cuales vemos el mundo. Por eso es que nos vamos a mover de acuerdo con el estado de ánimo que tengamos. Para lograr ser lo que elegimos ser, hay que intervenir el estado de ánimo y no resignarnos a lo que experimentemos en un momento dado, pues a cada instante nos movemos en un mundo de estados de ánimo.

Las conversaciones son recursos decisivos para el diseño de los estados de ánimo. Cuando el estado de ánimo te busca para tenerte, hay que hablarle. Si le hablas desde la historia y lo describes, seguirás igual. Si le hablas desde tu visión, puedes intervenir. En el caso de que existan estados de ánimo que te controlan, la mejor pregunta sería esta: ¿Cuál es la visión que tengo? Tu visión debe ser lo suficientemente grande para contener los estados de ánimo, y no tan pequeña como para meterla dentro de un estado de ánimo en sí. Los estados de ánimo y el lenguaje están relacionados. Por eso los intervienes con conversaciones generativas.

¿Estás dispuesta a comenzar a hablarle a tu emoción y a tus estados de ánimo, y llevarlos hacia tu visión, hacia donde elegiste ir, hacia el resultado extraordinario, hacia la bendición de Dios? ¡Es tu elección!

PROTAGONISTAS ANTE EL TEMOR

Se piensa que la única manera de lograr el resultado extraordinario es a través de no tener ningún tipo de temor. Dios te pide que confíes en Él y te eleves a tu llamamiento. Grandes personas tuvieron mucho temor y en cada uno de esos momentos Dios les dijo: "Yo estaré contigo"[25].

Hacía años que se había llamado a ser un espectador de la vida. Apacentaba ovejas alejado del rol protagónico que Dios le había asignado. Desde pequeño sabía que era alguien especial. Sin embargo, equivocando los tiempos y actuando en lugar de Dios, terminó muchísimos años alejado de quien había sido llamado a ser. En el desierto de su soledad Dios lo llamó a salvar a su pueblo. Él le respondió que tenía miedo de lo que podría pasarle, a lo que Dios le respondió: "Yo estaré contigo".

YO ESTARÉ CONTIGO ANTE EL MIEDO DE CAMBIAR LAS CIRCUNSTANCIAS

La miseria invadía su país. Gran recesión y falta de alimentos se sumaban a guerras constantes con quienes solo querían su mal. Todos estaban angustiados, hambrientos y desesperados. Entre ellos estaba aquel hombre del clan más débil, considerándose además el más insignificante de la familia. Un ángel del Señor le habla y lo alienta a ser un líder de multitudes que ayude a su pueblo a salir de la opresión. En medio del temor y de las circunstancias que hablaban muy fuerte, él cree que no puede ser ese valiente que se necesitaba para los tiempos que corrían. Y Dios le responde: "...yo estaré contigo"[26].

YO ESTARÉ CONTIGO, JOVEN TEMEROSO DE SER ESCUCHADO

Los valores se habían trastocado y el pueblo se había alejado de Dios. Él era un joven nacido en una familia de creyentes comprometidos que servían a Dios cuando muy pocos lo hacían, cuando casi nadie recordaba que Dios habitaba en su templo.

25   Éxodo 3:12
26   Jueces 6:16

En el desinterés, en el desierto de la apatía, en el camino de los pecadores alejados de Dios, él es llamado a liderar a su pueblo en un nuevo resurgir de espiritualidad. Pero se ve muy joven, siente que sus habilidades para hablar no alcanzan, y que otros podrán matarlo cuando abra su boca exhortándoles a salir de donde están para volver a los pies de Jehová. Y Dios le dice: *"Pelearán contra ti, pero no te podrán vencer, porque Yo estoy contigo para librarte"*[27].

YO ESTARÉ CONTIGO CUANDO HABLES EN MI NOMBRE

Llevaba meses hablando y hablando acerca de todo lo maravilloso que Dios tenía para sus vidas. Pero no lo escuchaban, lo miraban mal y algunos querían matarlo. A pesar de que al paso muchos iban creyendo, la cantidad de circunstancias del diario vivir que hacía de su vida una presión constante, le quitaban el ánimo. "¿Y si mejor me callo?". "¿Y si abro mi boca y me matan en este lugar tan lejos de mi casa?". Pero aquella noche Dios le habló: *"No tengas miedo; sigue hablando y no te calles, pues estoy contigo. Aunque te ataquen, no voy a dejar que nadie te haga daño"*[28].

PROTAGONISTA SIEMPRE

Podemos ser protagonistas a pesar de las circunstancias y a pesar del temor, a pesar de nuestras emociones y de nuestros estados de ánimo. Podemos aprender de quienes fueron llamados a recorrer tierras lejanas, y seguir siendo testimonio del Todopoderoso; o de aquellos llamados a ser líderes de su pueblo y liberarlo de las garras del maligno; o llamados a ser valientes ante la miseria y ante quienes devastan el trabajo de otros. Podemos

27 Jeremías 1:19
28 Hechos 18:9-10

aprender también de los llamados a ser una voz en nombre del Señor para que el pueblo se arrepienta, en medio del desinterés y el paganismo. Más aún, podemos aprender de los llamados a evangelizar a otros, poniendo en juego sus propias vidas. Todos tuvieron temor. Todos creyeron que eran débiles, pequeños, sin habilidades. Todos se angustiaron y pensaron que Dios se había equivocado de persona. Sin embargo, a cada uno de ellos Dios les dijo: *"Yo estaré contigo"*.

A cada mujer protagonista que está leyendo este libro le digo: ¡Que nada ni nadie te detenga; Dios está contigo!

¿Reconoces que eres quien debe ocuparse de marcar la diferencia en tu ciudad, en tu trabajo, en tu familia? ¿Y tienes miedo, te sientes débil, crees que no calificas para el cargo? Déjame decirte que Dios quiere que sepas que Él estará contigo. Él no acompañó a los ejemplos que vimos solo en momentos de éxito, sino de temor, de inseguridad, de duda. Ellos le creyeron, actuaron y cambiaron ciudades, realidades, situaciones.

Tú también puedes hacerlo. Y si tienes miedo, no te preocupes. ¡Dios estará contigo!

Sé esa mujer protagonista que Dios espera de ti.

CAPÍTULO 9

LOS PILARES DE LAS DECISIONES

*U*na mujer protagonista tiene que tomar decisiones con lo que ve, con el lugar donde se encuentra, y con las injusticias. Si eligió por dentro ser protagonista, pero no cuida su relación con lo que le está pasando, quedará relegada a un papel secundario en su propia vida. Por eso te invito a que trabajemos juntas cada uno de estos puntos, para que seas protagonista con todas las letras.

LO QUE ESTÁS VIENDO

Para ir hacia el futuro, ella eligió mirar hacia atrás. Ni Dios, ni los ángeles, ni el hombre de Dios, ni siquiera su esposo pudieron ayudarla. Y se hizo polvo.

Esta es la historia de la esposa de Lot[29], pero puede ser la tuya o la mía. ¡Cuántas veces nos quejamos de que Dios no nos da lo que queremos, y no nos damos cuenta de que Él nos está dando lo mejor que tiene, pero necesita que dejemos de mirar hacia atrás y comencemos a mirar hacia adelante!

¿Dónde estás poniendo tu mirada? ¿En el medio del socorro de

29   Génesis 19:26

Dios? ¿En todo lo que dejas? ¿En todo lo que pierdes? ¿O en el futuro promisorio junto con el creador del Universo?

VER O NO VER

¿Qué estás viendo? ¿Dónde tienes puestos tus ojos?

Dios había cuidado de Lot de una manera especial. Con cada uno de esos actos le demostraba todo lo que lo amaba y su deseo de redimirlo, de sacarlo de la adversidad y poder llevarlo hacia una nueva tierra. Él había puesto sus tiendas mirando hacia la tierra y las posesiones, mientras que su tío había puesto sus tiendas mirando hacia arriba.

Donde pongo mis ojos tiene que ver con donde antes puse mi compromiso.

Lot estaba comprometido a tener más, a regodearse de los placeres y de aquellos que vivían igual que él. Con el tiempo, terminó en medio de una gran cantidad de problemas y circunstancias.

Donde pongo mis ojos tiene que ver con donde antes puse mi compromiso.

Aunque no lo veas, ¡Él te ve!

Dios sacó a Lot y a su familia de allí. Lo hizo para que mirara hacia adelante, para que dejara de mirar las cosas de este mundo, o dejara de mirar y poner su confianza en el hombre. Lo hizo para que mirara hacia las cosas de Dios y se comprometiera con aquello que hizo que Abraham no solo fuera rico, sino también bendito.

Parecía ser que se había entendido. Corrían salvándose de en medio de la ciudad, que tragaba a sus habitantes, y los volvía ciegos y limitados. Sin embargo, en medio de la corrida, su esposa decidió mirar atrás; una mujer que había sido invitada por Dios a un rol protagónico en la historia. El mismísimo Padre celestial estaba sacándola de una ciudad de caos y pecado. Ella era la protagonista de la historia, llevada en alto por ángeles junto a su esposo. Pero miró atrás. Vaya a saber uno qué fue lo que la hizo volver su mirada hacia el pasado. Lo cierto es que eso la petrificó. Antes de girar su rostro, ella ya se habia comprometido con lo que quedaba atrás, y eso la llevó a quedar detenida en el pasado como una estatua de sal.

A todas nosotras Dios nos está llevando hacia un nuevo lugar. Luego de este libro, quiere que seamos protagonistas de nuestra historia. ¿Seremos como la mujer de Lot?

¿Cuántas mujeres que podrían ser protagonistas son como la esposa de Lot, que a pesar de que Dios desea sacarlas y llevarlas a un futuro promisorio en el medio de la salida, rodeada de milagros, de ángeles y de creyentes comprometidos, vuelven a poner su compromiso y su mirada en las cosas de ayer? Y quedan allí petrificadas, a medio camino, sin poder recibir la bendición de Dios por tener su mirada puesta en el pasado.

Cómo no paralizarte y ver más

Para ver lo que hasta ahora no viste, tienes que estar comprometida con mirar hacia adelante y hacia arriba. Toda mirada hacia atrás seguramente te demorará, te detendrá o peor aún, te paralizará. Hoy es un buen día para mirar hacia todo aquello que puedes diseñar, que puedes construir. Dios quiere que veas cuando viene el bien y que estés tan pendiente de eso, que tu caminar esté rodeado de su bendición.

Si quieres tener un árbol que dé sombra mañana, debes plantarlo hoy.

$\mathscr{S}$I QUIERES TENER UN ÁRBOL QUE DÉ SOMBRA MAÑANA, DEBES PLANTARLO HOY.

MIRA HACIA ADELANTE Y ACCIONA HOY

A medida que vamos creciendo y ganando conciencia de las dificultades que enfrentamos para alcanzar algo, muchos de nuestros sueños se esfuman y desvanecen hasta desaparecer, o se escapan de nosotros como agua en nuestras manos.

Al evaluar una gran cantidad de mujeres que he tenido el privilegio de coachear, encontré un factor común, especialmente en el caso de mujeres casadas con hijos y que generalmente superan los 45 años de edad, aunque no está limitado solo a ese grupo. En el 90% de los casos, no tienen claridad para elegir su futuro y les resulta sumamente difícil definir y decir lo que quieren. De ese 90%, el 80% no tienen una visión clara de su futuro y lo que desean de él. Muchas veces se han dedicado mucho al día a día, a la crianza de los hijos, al trabajo del momento y a ser apoyo para su esposo, lo cual es maravilloso cuando eso es una parte tu vida. Llega el momento cuando se sienten frustradas porque no pudieron alcanzar determinados logros. Pero ese no es el problema; el verdadero problema es que ya no saben cuáles son los logros que desean alcanzar.

¿Cómo logras saberlo? En un capítulo anterior te invité a volver a ponerte en contacto con tu sueño, si lo tenías relegado u olvidado. Lo que busco si has dejado atrás tu sueño, es que vuelvas a pensar como individuo; que te atrevas a soñar. Probablemente has estado parada en el "deber ser" y "deber hacer", y cuando tus hijos se fueron te encontraste con que no tienes objetivo ni visión. Este es el momento de darte permiso para lograr un objetivo nuevo. Atrévete a desarrollar una visión. ¿Qué cosas soñaste? ¿Qué cosas no lograste? Párate como protagonista. Entiende que los mismos que te quieren porque cocinas y atiendes tu hogar, quieren ver y admirar a la mujer que logra lo que sueña. Ellos están esperando admirar a la mujer protagonista.

RESILIENCIA

Comencemos por definir qué es la resiliencia. La resiliencia es la "capacidad humana de asumir con flexibilidad situaciones límite y sobreponerse a ellas". En términos de física, es "la capacidad de un material elástico para absorber y almacenar energía de deformación, y volver a su estado original". El término resiliencia es un derivado del latín del verbo resilio, que significa "saltar hacia atrás, rebotar".

Es interesante que la resiliencia solo puede ser comprobada al enfrentar situaciones difíciles, eventos inevitables o retos de la vida que somos capaces de aceptar. Si nunca aceptas un reto, nunca sabrás cuán resiliente eres. La buena noticia es que tú puedes edificar tu resiliencia, y tu resiliencia te dará poder y efectividad, no solamente para el desafío que te propongas, sino para aquellos que te presente la vida misma.

*T*Ú PUEDES EDIFICAR TU RESILIENCIA.

Sé una protagonista en cuidar tu corazón y tu capacidad de ser resiliente. Para eso, primero conozcamos las características de las personas resilientes:

- Muestran fortaleza y flexibilidad.

- Reconocen sus habilidades y talentos.

- Tienen independencia de pensamiento y de acción.

- Son capaces de desarrollar relaciones interpersonales.

- Tienen un gran sentido de responsabilidad y disciplina.

- Están abiertas a tomar nuevas ideas.

- Poseen la capacidad de soñar.

- Disfrutan más de lo cotidiano.

- Expresan y comunican sentimientos adecuadamente.

- Creen que pueden influir en lo que sucede a su alrededor, y que pueden aprender de sus éxitos y errores.

Como mujer protagonista, tú puedes desarrollar resiliencia. Si quieres saber acerca de cuán resiliente eres, debes prestar atención a tu reacción frente a los desafíos. Eso te ayudará a concerte, y solo así podrás medir tu resiliencia. También pregúntate qué piensas ante una situación de crisis extrema. Si tu pensamiento es negativo, por ejemplo, ante una situación financiera, puedes decir: "Esto es terrible, se acabó todo, estoy literalmente en la calle". O puedes decir: "Esto es terrible. Debo encontrar una solución". En ambos casos te impacta y preocupa; solo que en uno ves la posibilidad y en el otro no.

Tus relaciones cumplen una función fundamental en tu capacidad resiliente.

- La primera relación que debes tener en cuenta es tu relación con Dios. Desarrolla una relación de confianza, y tu perspectiva comenzará a cambiar.

- Atiende tu relación contigo misma.

- Cultiva relaciones de amistad y compañerismo. Relacionarte con confianza y seguridad te ayudará a afirmar la resiliencia.

- Diseña futuro, planifica cosas realizables y actúa conforme a ello.

- Establece buenas relaciones dentro de la familia.

- Aprende a aceptar y a dar ayuda.

- Cultiva tu fe y acciona conforme a tus convicciones.

- Cambia tu mirada. No puedes evitar que sucedan cosas en tu vida, pero sí puedes elegir tu reacción ante ellas.

- Acepta los cambios. La vida es dinámica y el cambio es una constante en ella.

- Desarrolla una visión. Pinta en tu mente y en un papel el cuadro de tu futuro deseado lo más detallado posible, y comienza a trabajar para lograrlo.

- Aumenta tus tiempos de lectura.

- Escribe sobre lo que te pasa y lo que sientes.

- Mejora tu sentido del humor. La vida es algo serio; por eso debes tomarte lo que trae con buen humor y sentido de alegría.

- Cuida de ti misma.

- Haz ejercicio.

- Dedícale tiempo a la oración.

- Cultiva relaciones y actividades que te ayuden a restaurar esperanza.

- Esfuérzate por ser flexible.

Es cierto que no puedes cambiar tu destino de un día para otro, pero puedes cambiar cada paso para llegar al lugar donde quieras estar. Más allá de lo que esté sucediendo en tu vida hoy, tienes la posibilidad de vivir disfrutando y ser más resiliente cada día, eligiendo con alegría y dispuesta a tomar el riesgo de cambiar tus pensamientos para ser feliz.

Hay algunas mujeres que no van más allá porque prefieren quedarse en la comodidad de las circunstancias. Ellas saben que tienen que hacer cambios o que tienen que tomar acción, sin embargo, se quedan allí. Para ellas traigo esta historia.

PROTAGONISTA, ACOMODADA O MALTRATADA

Había que elegir.

Todos le decían que lo mejor era aceptar la posición y olvidar lo que le daba razón a su ser. Tenía los privilegios del poder, los permisos del nombre y la impunidad de los hijos de quien gobierna. ¿Para qué cambiar todo si es mejor estar bien con lo que te rodea, si el destino lo llevó hasta allí que podía hacer el cambio? Aunque su corazón le decía que no podía seguir el camino de las circunstancias, del destino, de la cultura, de lo que pasaba a su lado, todos a su alrededor le decían que era mejor dejar todo así y seguir acomodado.

Sin embargo, Moisés rehusó llamarse hijo de la hija del faraón, escogiendo antes ser maltratado con el pueblo de Dios, que gozar de los deleites temporales del pecado, teniendo por mayores riquezas un vituperio como el de Cristo, que los tesoros de los egipcios, porque tenía puesta la mirada en el galardón[30].

Hoy puede sucederte lo mismo. ¿Deleites temporales o recompensa eterna?

Las grandes elecciones en la vida vienen de lo profundo del corazón y en momentos que parecen sin importancia. Pero muchas veces ciertas decisiones cambian la vida de las personas de una manera especial. Cuando todo te invita a lo sensorial y a vivir el placer del momento, cuando todo te invita a hacer lo que conviene y a acomodarte de lo mejor posible, es cuando debes elegir si eres una espectadora o una protagonista.

Conocemos casos que cambiaron la historia de la humanidad por simplemente haber hecho aquello que traía su convicción basada en un fuerte compromiso con el futuro.

ELIGE SER.

Elige ser. No seas solo una circunstancia, una emoción, o la reacción a lo que pasa. Hoy es un buen momento para dejar atrás lo que pasó, y comenzar a caminar hacia la victoria. Y quizás no estés acomodada, quizás te maltraten un poco, pero seguro con el tiempo verás abrirse el mar, y el futuro esperándote.

UNA PROTAGONISTA ANTE LAS INJUSTICIAS

No siempre en las telenovelas ganan las buenas. A veces ganan las malas. Pareciera ser que hay una nueva generación de malas

---

que asumen roles protagónicos. En la vida de todos los días está pasando lo mismo. Vemos muchas "malas" asumiendo roles protagónicos, y con la envidia, la murmuración, los intereses desenfrenados, las pasiones o la mala actitud se abren paso en medio de nosotras. Hasta pareciera ser que las villanas tienen un lugar en esta nueva sociedad.

Una mujer protagonista de su vida, que busca ser de influencia en otras, no da lugar a que esto suceda; y se dedica a tener un rol protagónico ante las injusticias.

¿Se puede ser una protagonista buena en un mundo de malas? Sí, se puede.

Debemos vivir buscando lograr un mundo más justo y poder ser luminarias en medio de una generación maligna y perversa, aunque muchas veces nos cruzamos con injusticias, hasta de nuestros propios hermanos. ¿Cómo relacionarnos con las injusticias? Quiero mostrarte, para que juntas profundicemos más en algunos casos de la Biblia que nos ayudan a relacionarnos con las injusticias.

JOSÉ VIVIÓ INJUSTICIAS SIN MERECERLAS

José fue un hombre íntegro[31]. A pesar de la injusticia de haber sido vendido por sus hermanos, él fue un buen servidor de Potifar. Sin embargo, la circunstancia negativa llamó a su puerta y con ella, otra injusticia más. La esposa de Potifar quiso abusar de él y por no permitirlo, fue enviado a la cárcel. Una podría pensar: ¡Qué injusticia! ¡Un hombre recto y probo en la cárcel! ¡Con tanto delincuente suelto! ¡Alguien que no tuvo nada que ver fue enviado a un lugar donde no merecía estar! ¿Cómo se relacionó José con la injusticia? Se mantuvo íntegro, siguió accionando en pos de la bendición, fue ejemplo de otros, buscó

31   Génesis 39: 7-16

maneras de salir de la situación, confió en Dios. No encontramos a José contándole al copero lo malo que le había pasado. Simplemente le dijo que se acordara de él.

JOSUÉ Y LARGOS AÑOS SIN LLEGAR

El caso de Josué y Caleb es otro caso de injusticia[32]. Fueron junto con otros jóvenes guerreros, los líderes elegidos por el pueblo para ir a ver la tierra que Dios les había prometido que conquistarían.

Al regresar, le hablaron al pueblo sobre el poder y la grandeza de Dios, y declararon la entrega absoluta de aquel lugar a pesar de las circunstancias. Sin embargo, el pueblo les creyó a los otros diez que fueron con ellos, que hablaron de sus miedos, su historia y sus limitaciones. A pesar de que no murieron como los otros diez, debieron vivir la injusticia de pasar cuarenta años en el desierto con todos.

No leemos en las Escrituras que ambos se hayan convertido en quejosos y criticones de todo lo que estaba pasando con el pueblo, en lo cual ellos no tenían nada que ver. No dice que se quejaron ante Dios. Dice que ellos siguieron obedeciendo. Encontramos a Josué asistiendo a Moisés durante los cuarenta años, y el mejor ejemplo de quién Josué había sido fue la mansedumbre de los días que estuvo en el monte Sinaí esperando a Moisés. Mientras el pueblo fundía el oro y su obediencia para llegar a adorar a un becerro, Josué estaba a los pies de su maestro. No escuchamos queja ante la injusticia, sino obediencia. Luego fue quien llevó al pueblo de Israel hasta la tierra prometida y los guió a la conquista.

---

32   Éxodo, Números

PODÍA SER REY Y TERMINÓ EN LA MISERIA

Tenemos la historia de Mefiboset[33], un niño que había nacido para ser rey, educado en el palacio para seguir la línea de su padre Jonatán y su abuelo Saúl. Sin embargo, ambos habían elegido oponerse a Dios mismo y terminaron muertos en batalla.

La nodriza del pequeño lo tomó para protegerlo y al salir corriendo tropezó. El pequeño se le escurrió de sus manos y pegó contra el suelo, sufriendo la quebradura de sus piernas y quedando discapacitado. En medio de la vorágine fue llevado a las afueras del mundo conocido, a una ciudad donde vivía solo en medio de la miseria.

Años después David lo mandó a recoger de allí. No hay relatos que nos expresen su reclamo por los muchos años que pasó postrado, o por no haber sido Rey, o por haberle tocado vivir tamaña injusticia. Cuando David lo llamó a su palacio, él se mostró agradecido y fiel al señor que lo sentaba a su mesa. Él había mantenido el corazón de agradecimiento.

SIGAMOS SU EJEMPLO

Los anteriores son ejemplos de personas que se mantuvieron íntegras, obedientes y agradecidas. ¿Cómo te hubieras comportado ante la injusticia? ¿Eres de los que toman la "justicia" en sus manos? Recuerda que la ira del hombre no produce la justicia de Dios, y hoy le agregamos, ni salva de la injusticia en la que puede haber caído.

¿Eres de las que han vivido alguna injusticia en la última semana, en el último mes, en el último año? Si es así, hoy es el primer día del resto de tu vida para entender que el camino ante la injusticia no es llorar y clamar, quejarse o criticar, murmurar,

---

33   2 Samuel 4 y 9

gritar y agredir. El camino ante la injusticia es obedecer, ser íntegra y mantener un corazón agradecido.

Las injusticias también existen para la mujer protagonista. Pero Dios te librará de ellas si no permites que te envuelvan, y te quiten la paz y la vida santa a la que Dios te invitó.

El camino ante la injusticia es obedecer, ser íntegra y mantener un corazón agradecido.

No importa si estás en una cárcel, en medio del desierto o en la miseria. De la injusticia que sea, Dios te sacará. Y te podrá convertir, como Josué, en líder de líderes, como José en una de los más influyentes de tu comunidad, o como Mefiboset en ser quien coma cada día en presencia del rey.

¡Ante la injusticia, buena cara, que de seguro lo mejor está por venir!

No permitas que la injusticia se adueñe de tu vida, de tu futuro, de tu corazón. Elige seguir el ejemplo de quienes fueron inmensos en la adversidad, cuidando las pequeñas cosas que los mantenía cerca de Dios. Hoy puedes hacer lo mismo, aunque la injusticia te haya tocado bien profundo. Elige mantenerte íntegra, obediente y agradecida. Verás cómo Dios no te deja ni te desampara.

¡Disfruta! La justicia de Dios alumbrará tu camino. Sé tú la protagonista. ¡Fuera las villanas!

CAPÍTULO 10

UNA PROTAGONISTA ES CONSTRUCTORA DE MOMENTOS

Inevitablemente el tiempo sigue su curso, sin pedir permiso y sin esperar que estemos listas para lo que viene. Simplemente no lo controlamos.

Es bien común que una persona en su adolescencia tenga sueños y hasta son juzgados como algo que se encuentran claramente fuera de la realidad, o que nunca sucederán.

Una mujer protagonista conoce el secreto. Ya no vive preocupada por cada evento de su vida, sino por cada momento de su vida. Y hay grandes diferencias entre unos y otros. Son momentos que nos cambian la vida, definen nuestra persona, nuestro futuro; momentos que quedan en el pasado, pero que no dejan de ser parte de nuestra vida.

Las mujeres somos procesistas. Vivimos procesos y medimos desde allí, desde los procesos que vivimos. Biológicamente tenemos un ciclo lunar; es parte de lo que somos. Es ese ciclo que mensualmente hace funcionar nuestras hormonas, y que nuestra vida se desarrolle a través de procesos.

*L*AS MUJERES SOMOS PROCESISTAS. VIVIMOS PROCESOS Y MEDIMOS DESDE ALLÍ.

Veamos primero qué no es un proceso. No es un evento, no es el clímax, no es un comienzo, no es un resultado.

El proceso tiene un objetivo, una razón de ser. Está compuesto por cada paso del camino desde que comienzas, hasta que logras el objetivo final. Decimos que las mujeres somos procesistas porque funcionamos conforme proceso y nuestro ritmo, tanto biológico como mental, tiene que ver con ciclos. El ciclo lunar influye sobre nuestro ritmo hormonal.

Mientras la mayoría de los hombres se mueve cronológicamente, es decir, de acuerdo al tiempo horario, nosotras naturalmente funcionamos llevando adelante procesos.

Por ejemplo, cuando tenemos que salir con mi esposo, aunque ambos sabemos la hora a la que tenemos que partir, nuestras acciones y pensamientos serán bien diferentes. Él se ocupará de mirar el reloj y hacer que yo me apure, pero para mí, la salida significa mucho más que salir a tiempo. En ese momento, lo más importante es saber que si mi hija queda en la casa tenga su comida; si dejo a mi perrita sola, que quede en el lugar correcto; que las ventanas y las puertas estén cerradas. Si no estaremos por un tiempo, probablemente quiera sacar la basura y guardar cualquier cosa que deba estar en el refrigerador. Y por supuesto, quiero peinarme y arreglarme lo suficiente para estar en las condiciones correctas. Ese es mi proceso. Cuando cometo todo eso es que estoy en condiciones de salir.

Mientras que el proceso busca ver **qué** es lo que falta, lo cronológico busca saber **cuánto** te falta.

El proceso tiene ese propósito de llegar al momento, a ese punto de tu vida, esa cima en tu vida en donde puedes decir: "He cumplido. Este es el momento que estuve esperando". "La vida no se mide por las veces que respiras, sino por aquellos momentos que te quitan el aliento", dijo un personaje[34] en una película de cine. Son esos momentos especiales en nuestra vida que decimos: "Sí, esto era…"

*E*L PROCESO BUSCA VER QUÉ ES LO QUE FALTA, LO CRONOLÓGICO BUSCA SABER CUÁNTO TE FALTA.

Por ejemplo:

- Cuando sabemos con certeza que Dios nos ha hablado.

- Cuando conoces a la persona con quien sueñas pasar el resto de tu vida.

- Cuando vemos por primera vez a nuestros hijos, los escuchamos por primera vez, y tocamos su carita suave. Los tenemos en nuestros brazos sintiendo ese amor único, incondicional y esa mirada que dice: "Te necesito, eres mi todo". El momento en que sabes y entiendes que existe un amor que puede soportarlo todo.

- Cuando alcanzamos nuestros primeros logros en nuestras empresas.

- Cuando tenemos nuestro primer cliente.

- Cuando vemos nuestros momentos de crecimiento.

---

34   *Hitch*, Derechos Reservados.

- Cuando nos casamos.

Tenemos momentos que son especiales en nuestra vida; que son únicos e irrepetibles. Son esos momentos inolvidables, culminantes, esos momentos que nadie te puede quitar. También es cierto que no todos los momentos de nuestra vida son recordables, memorables o importantes, pero todos influyen en nosotros en cierto grado. Son momentos que pasan como desapercibidos. Dicen que el 99% de los momentos que vivimos desaparecen de nuestro consciente, no se registran aunque estan allí, pero se esfuman en nuestro subconsciente. Eso no significa que nunca más los podemos recordar, puede ser que los recordemos. De hecho, todo queda grabado. Sin embargo, esos momentos no son los que nos definen. No son los momentos particulares, no son las cosas que realmente queremos tener para nosotros.

Hay momentos buenos, lindos, exitosos. Y hay otros momentos malos, tristes, humillantes. Lo que tienen en común estos dos grupos es que ambos dejan marca; en los dos casos quedaron huellas en nuestro corazón. Seguramente si haces un repaso en tu mente de los momentos más maravillosos de tu vida, encontrarás una lista sumamente agradable de episodios que te ayudaron a ser quien eres hoy. Si haces una lista de los momentos más difíciles, todos aquellos que están en el segundo grupo, verás que de un modo o de otro también te trajeron hasta aquí.

Esos momentos ayudaron a formar tu carácter, a fortalecer tu corazón para hacer una mujer constante y resiliente. Probablemente también trabajaron en forma negativa, dejando secuelas con las que luchas a diario. No creas que eres la única; todos pasamos por ahí. Lo que definirá tu futuro no es lo que has vivido ni lo que sientas al respecto, sino las elecciones que hagas basadas en los compromisos que tienes con aquello que anhelas vivir en el futuro.

La vida se mide en momentos. Muchos momentos en tu vida llegaron sin llamarlos, sin esperarlos, y tuviste que hacer con ellos lo que pudiste. Mas hoy tienes la gran oportunidad de diseñarte, diseñar tu futuro, elegir quién quieres ser, y construir y vivir los momentos que deseas que también formarán tu ser.

La vida se mide en momentos.

Jesús vivió, nació, creció en un entorno maravilloso, nació desarrollándose a sí mismo, viendo cómo Dios Padre honraba su caminar. Mientras avanzaba y crecía, veía la voluntad de Dios en su vida, y buscaba hacer la voluntad de Dios y seguir su consejo en su vida. El niño aprendió muchas cosas; crecía en sabiduría y estatura. Él iba creciendo, trabajando, pero hubo un momento en la vida de Jesús en el que hizo la gran declaración: *"Para esto he nacido y para esto he venido"*[35].

Esto fue el clímax en la vida de Jesús hombre, el punto de inflexión. El propósito de su vida se había manifestado en ese momento en el que reconoció que esto había sucedido, que todo lo que había vivido antes tenía sentido porque ese momento existía, y porque Él existía en ese momento.

¿Pueden existir los momentos? Sí, y puede que no estés en ellos. ¿Puedes existir generando tus momentos? Claro que sí y la idea es que puedas estar en ellos, que puedas disfrutar, que puedas desenvolverte de una manera totalmente diferente.

Contra todo pronóstico

Era una mujer que vivía en un pueblo, conocida por muchos y no precisamente por hacer lo bueno. Estoy hablando de la

---

35   Juan 18:37 (RVR1995)

mujer que fue encontrada en el mismo acto de adulterio, descubierta por los maestros de la ley religiosa, los fariseos, llevada delante de Jesús[36] mientras este enseñaba.

Siendo ella culpable de aquello por lo que se la acusaba, estaba siendo condenada por el pueblo. La habían llevado a la plaza para apedrearla, ya que era lo que la ley mandaba que se hiciese. Pero al parecer, ellos no solo querían terminar con ella, sino también perjudicar a Jesús, y le dijeron para tentarlo: "¿Qué hacemos con ella, tú qué dices?". Jesús, en lugar de reaccionar dando la respuesta rápida, se inclinó, comenzó a dibujar en el suelo, a pensar, a buscar la voluntad de Dios y dijo a los que estaban allí: *"El que nunca haya pecado que tire la primera piedra"*.

Nadie tiró una piedra, se fueron yendo de a uno, dice la Biblia que desde el mayor hasta el menor. ¿Será que los mayores tenían más de qué arrepentirse? Muchos dicen que la respuesta es sí, pero aquí lo importante es que todos se marcharon. Todos fueron desapareciendo, se fueron yendo de la situación, del escenario, dejaban sus piedras y se iban.

Muchas veces nos encontramos en medio de situaciones que no son las adecuadas ni las deseadas. Muchas veces tiene que ver con nuestras acciones, y somos culpables o responsables de ellas. Y debemos hacernos cargo como protagonistas y reconocer para cambiar. Recuerda que es la víctima, la que no se hace cargo y culpa a otros.

Allí estamos en medio de una situación, en medio de una turba que nos quiere matar. Podría ser en el ámbito de las finanzas, en el ámbito de la familia, con los amigos o el trabajo, pero son las piedras de tus consecuencias que te van a venir encima. La Palabra dice que uno a uno fue retirando su piedra desde el mayor hasta el menor, y que Jesús le dijo: "¿Nadie te condenó? Yo tampoco te condeno".

36   Juan 8:3-11

Ante semejante acto de amor, misericordia y bondad de parte de Jesús, ella estaba perpleja cuando escuchó que le daría un nuevo rumbo a su vida. Jesús le dijo: *"Vete y no peques más"*. En ese momento, la vida de la mujer cambió para siempre, de un extremo al otro.

Lo que había sido una vida de pecado, una vida angustia, una vida de carencias, (porque nadie actúa de una manera libertina si no tiene carencias) había terminado para dar lugar a una mujer nueva, cuya vida tenia un sentido maravilloso. Contra todo pronóstico, ella salió libre de la situación para comenzar una vida nueva.

Fue un momento, un momento en la vida de esta mujer que determinó su futuro; que determinó el trayecto del resto de su vida. Ella se fue y desde ese momento su camino cambió; cambió el foco. Ella se fue y no pecó más. Esa fue la instrucción de Jesús; ese fue el antes y el después.

Un momento en la vida de Abigaíl

Abigaíl[37] es descrita por la Biblia como una mujer inteligente, hermosa, de buen parecer, valiente, hábil, entre otras virtudes que se le señalan. Ella estaba casada con un hombre insensato y malvado que se llamaba Nabal. "Abigaíl", su nombre, significa "la alegría del padre", o "fuente de alegría".

Un cierto día David se encontraba huyendo de Saúl en el desierto, y envió varios hombres jóvenes a la casa de Nabal para pedir ayuda. Nabal se la negó, lo cual enfureció a David, y quiso ir contra él para matarle.

Pero uno de los criados de la casa le avisó a Abigaíl acerca de la situación porque sabía que ella era una mujer sensata, sabia y de

---

[37]   1 Samuel 25

buen corazón. Es interesante que dice que Abigaíl salió sin perder tiempo, cuando recibió esta noticia. Hizo cargar los burros con provisiones y envió un hombre delante de ella. Ella, como mujer protagonista, buscó sabiduría y tomó acción preparando un presente para David, y fue a verlo.

Pero me pregunto, ¿cuál sería el grado de influencia de ella y su capacidad de acción para que en una situación tan difícil acudieran a ella para la solución? Siendo su esposo un hombre insensato, a pesar de su negativa para ayudar a David, ella hizo lo correcto impidiendo que David matara a Nabal y a toda su casa. En ese momento, ella pudo esconderse para salvarse, pero pidió por su esposo y por toda su casa. Esa elección definió el futuro de Abigaíl. Luego de la muerte de Nabal, fue convocada para convertirse en esposa de David.

Hay momentos en la vida que son claves, y las elecciones de algunos momentos pueden cambiar tu historia.

Quizás este es el momento en que tu historia empiece a cambiar. No importa lo que pasó hasta ahora. Lo que pasó hasta hoy, pasó. Si es muy malo, es mejor dejarlo atrás. Mejor es empezar a vivir el resto de tu vida de una manera diferente; empezar a disfrutar de un modo diferente.

*L*AS ELECCIONES DE ALGUNOS MOMENTOS PUEDEN CAMBIAR TU HISTORIA.

Abigaíl eligió, la mujer adúltera eligió, Jesús eligió. ¿Tú estás eligiendo, o simplemente estás siendo llevada de aquí para allá como madre, como esposa, como amiga, como empresaria, como vecina, como trabajadora, en tu pasión, como hija de

Dios? Tenemos que poder definir y elegir quiénes queremos ser.

Es lindo saber que cuando alguien llega a tocar fondo, si es descubierto o sorprendido en la más baja situación, esto que parece desfavorable en realidad lo ayuda para que pueda ver todo lo que se estaba perdiendo mirando para abajo. Es como si tú miraras hacia un pozo y cuando miras al pozo, no te queda otro camino que ir más profundo en el pozo.

En cambio, cuando alguien te dice en un momento: "Estás yendo hacia el pozo" o "Estás en el pozo", aunque sea vergonzoso y te haga sentir mal, ese puede ser el peor momento de tu vida o puede ser el principio del mejor momento de tu vida.

Hoy tienes la oportunidad de cambiarlo. Hoy puedes hacer la elección de mirar hacia adelante y ver qué es lo que quieres.

No te sujetes a las circunstancias

A menudo escucho mujeres diciendo: "Cuando no tenga más este problema X, disfrutaré de la vida". La verdad es que cuando se va X viene otro. Es un patrón bastante común postergar "nuestros momentos" hasta que hayamos logrado algo que después es suplantando por lo siguiente que queremos lograr, de modo que es como el cuento de nunca acabar.

La realidad es absolutamente subjetiva. Los colores no son los colores. Los colores son lo que nosotras vemos. No existe una función fotocromática fuera de tus ojos. El color que ves está dentro de tu mirada. Las imágenes tienen que ver más con nosotras que con lo que realmente son.

Somos nosotras las que definimos lo que realmente vemos, y no las cosas que están afuera. Quiere decir que con cualquier circunstancia vamos a hacer lo mismo. Podemos hacer que las circunstancias de afuera tengan otro título, otro color, otra manera en que se presentan en tu vida e influyan.

Hay un aparato para medir el tiempo, pero no nos sirve para medir la vida, porque la vida se mide en momentos. Hay algunos momentos que nos trascienden, que son decisivos, los que determinan nuestra manera de ser. Aquellas cosas que te sucedieron en algún momento, hoy quizás te plantearon una inseguridad permanente.

Por ejemplo, quizás estás encima de la gente buscando ese amor que en algún momento te faltaba. Entonces recibes rechazo porque el paradigma que tienes es el rechazo. Lo que te motiva a buscar ese amor es la necesidad de no ser rechazada, que es diferente a la necesidad de ser aceptada, así que tienes que hacer ese pequeño ajuste. Es tiempo entonces de buscar ese momento en el que vas a empezar a cambiar, a transformar ese pensamiento y buscar el amor, en lugar de buscar evitar el rechazo. Vas a buscar amor para dar amor. Si vives en el dar, siempre disfrutarás saciedad. Siempre tenemos que dar aquello que nos hace falta.

Tenemos que buscar qué es lo que nos falta de otros. Si algo nos falta, este es el momento de empezar a darlo. Ya no es momento de seguir reclamando, de ir pidiendo. No hay tiempo para las dos cosas. Si estás dando, vas a estar recibiendo, pero si te está faltando, debes empezar a dar más de eso.

*S*IEMPRE TENEMOS QUE DAR AQUELLO QUE NOS HACE FALTA.

Si hasta hoy no tuviste éxito en determinada área de tu vida pensando de un modo, será que es el tiempo de pensar de un modo diferente para lograr lo que hasta ahora no has logrado.

¿Cómo puedes dar algo que no tienes? Te puedo asegurar que si miras con ojos agradecidos, verás que hay muchas más cosas que tienes que aquellas que no tienes. Creemos que no damos porque no tenemos, pero lo cierto es que no tenemos porque no damos.

El miedo y los paradigmas de escasez promueven el egoísmo y la falta del dar. El mar muerto está tan muerto porque tiene entrada, pero no tiene salida; recibe, pero no da. Sé libre de los temores de la escasez y del engaño del egoísmo. No serás más feliz teniendo más, si te falta con quien compartirlo o cómo disfrutarlo.

Confía que Dios es una fuente de recursos inagotable que dio por ti lo mejor que tenía. "De tal manera amó Dios al mundo, que ha dado a su Hijo unigénito, para que todo aquel que en él cree no se pierda, sino que tenga vida eterna."[38]

Hay una declaración maravillosa que me resulta oportuno recordar: Jesús dijo: *"Mi propósito es darles una vida plena y abundante"*[39].

Esta es una realidad, pero para apropiarte de ella y disfrutar de la plenitud y abundancia que están disponibles para ti, tienes que creer y accionar conforme. Si aún no estás disfrutando de los beneficios de la fe, te invito a que hagas la prueba y verás que Él cumple su Palabra.

CONSTRUYE LOS MOMENTOS

Recuerda que lo más importante no es lo que nos sucede en la vida, sino cómo nos relacionamos con lo que nos sucede. Va-

---

38   Juan 3:16 (RVR1995)
39   Juan 10:10 (NTV)

mos a poder ver quiénes estamos siendo para poder elegir quiénes queremos ser, a través de identificar nuestros momentos y de la manera que nos relacionamos con ellos. Quiero que sepas que nunca es demasiado tarde para lo que hubiera podido ser.

Estamos a tiempo de tener una infancia feliz, de poder cambiar las páginas de nuestra historia, pensando diferente y buscando diferente. Hay un pequeño porcentaje de los momentos de nuestra vida que son los especiales, pero de ese porcentaje solo un mínimo se convierte en los momentos inolvidables. Son los momentos que jamás se irán de nuestra memoria, de nuestra retina, de nuestra piel.

*N*UNCA ES DEMASIADO TARDE PARA LO QUE HUBIERA PODIDO SER.

A veces tenemos esos momentos atrapados en nosotras, sin poder definir qué son, y sin poder definir o entender que esos momentos nos están definiendo. Muchas veces somos marcadas por las cosas que nos han pasado, y hoy respondemos a eso. Lo que todos los momentos tienen en común es a ti y a mí; los momentos malos, los momentos buenos, los momentos feos, los momentos lindos. Lo que los hace diferentes en ocasiones es tu percepción de ellos, según el tipo de observadora que eres en cada momento. Veamos.

Capítulo 11

Identifica qué tipo de observadora eres

Para ampliar nuestra comprensión de lo que es un observador, vamos a establecer la diferencia entre estas palabras similares que parecen sinónimos, pero no lo son. Estas son ver, mirar y observar.

Ver es un acto pasivo que tiene que ver con la capacidad biológica de la vista. Mientras escribo esto, veo por la ventana pasar el camión del correo, aunque en realidad no tuve la intención de mirarlo.

Mirar significa dirigir mi vista hacia algo y fijar la atención allí.

Ahora entonces miro hacia la ventana para ver el paisaje.

Observar es mirar a alguien o algo con atención para adquirir algún conocimiento sobre su comportamiento o características.

¿CÓMO OBSERVAMOS?

Es aquí donde encontramos la mayor diferencia. Cuando le ponemos la carga de buscar adquirir algún conocimiento, es donde intervienen nuestras interpretaciones.

Así que de este modo, observaremos a partir de las distinciones que tengamos y de las interpretaciones que seamos capaces de realizar.

Ser un observador es una cuestión interpretativa. Entender y profundizar qué tipo de observador somos nos ayuda a entender muchas de nuestras acciones. No vemos las cosas como son, sino como somos. Por eso saber y aprender más sobre cómo observamos nos ayudará a apreciar si eso nos sirve para ser la mujer protagonista que elegimos ser.

*N*o VEMOS LAS COSAS COMO SON, SINO COMO SOMOS.

Nosotras somos mujeres. Eso es algo que nos iguala en algún sentido y nos pone en un mismo plano, pero al mismo tiempo cada una de nosotras es única y diferente. No importa cuánto te esfuerces por ser otra persona, lo que no podrás cambiar con el hecho de querer o pretender ser alguien más, es el tipo de observadora que eres.

Podrás intentar ser otra, muchas veces vas a imitar a otra, y vas a hacer cosas que hace otra para querer ser como otra. Es bueno aprender cosas de otras personas, conocer conductas, pulir ciertas actitudes, pero no dejes de ser tú misma. Por más que hagas todo lo que hace otra persona, actúes como otra persona y trates de pensar como otra persona, jamás cambiarás tu manera de observar.

La manera en que observas es única. Tiene que ver contigo, con tus experiencias, con tus momentos. Tiene que ver con la vida que llevaste hasta hoy, con las cosas a las que le diste importancia, las cosas que aprendiste que eran importantes, aquellas cosas que eran más valiosas que cualquier otra cosa, más valiosas que la vida, más valiosas que todo lo que te puedas imaginar.

Observar es la manera en que miramos. Se conforma en la intersección del lenguaje, las emociones y la corporalidad. A veces conocemos algo, pero lo que observamos es diferente de lo que conocemos. Otra persona conoce lo mismo, pero de ese conocimiento, dos personas diferentes pueden observar cosas totalmente diferentes. Hay tantos tipos de observadores como hay personas. Cuando el tipo de observador varía hace que la percepción varíe.

Observar es un concepto más específico que el conocimiento y se encuentra restringido a los seres que manejamos lenguaje. Por ejemplo, los animales no manejan lenguaje; manejan un grado de comunicación, pero no el lenguaje. Nosotros como seres humanos manejamos un lenguaje, somos capaces de observar y como observadores que somos, somos capaces también de cambiar nuestra observación. Ya que una mira desde lo que habla, cuando cambias tu lenguaje, cambias tu observación.

Lo que soy ahora, mis seguridades e inseguridades, todo aquello que me está faltando y queriendo, que estoy necesitando, tiene que ver con mi manera de observar.

La buena noticia es que puedo cambiar este modo de observar. Lo que estoy buscando no es ser otra; es ser la mejor versión de mí misma. Tenemos que buscar ser nosotras, en todos los grados, en todas las áreas de nuestra vida. Tenemos que buscar tener esos mejores momentos, esos momentos especiales, que nos hacen especiales.

Tú sabes que no hay nadie igual a ti, absolutamente nadie. Dios nos hizo únicos e irrepetibles. No es posible que haya otra igual a ti. Es así porque Dios no nos hizo por casualidad. Dios no hizo una masa mágica para que todo el mundo fuese igual, y sacó pedacitos de esa masa. Dicho al estilo de mi esposo: "Dios no nos hizo en serie; nos hizo en serio". Dios nos hizo únicas para que podamos vivir estos momentos únicos, siendo observadoras únicas. Estamos a tiempo de empezar a mirar, a observar de una manera diferente la vida, nuestro pasado, nuestro presente y nuestro futuro.

*L*A BUENA NOTICIA ES QUE PUEDO CAMBIAR ESTE MODO DE OBSERVAR.

Cada una de nosotras somos una sola persona aunque tenemos muchos roles, pero esos roles son ejecutados y llevados adelante por el mismo observador y la misma persona que observa. Es importante que tengamos esto en cuenta. Nosotras como mujeres no cambiamos la observación solamente porque estamos hablando de una persona distinta o un rol diferente. Cuando somos pesimistas, como empresarias también somos pesimistas, como madres somos pesimistas, y como esposas somos pesimistas. Sin embargo, cuando somos optimistas, lo somos en las distintas áreas de nuestras vidas y en los distintos roles.

Entonces es importante que todas tengamos en cuenta que no es lo de afuera lo que va a definir nuestro éxito, sino somos nosotras. ¿Cómo nos vamos a relacionar? ¿Cómo vamos a ser como amigas, como compañeras, como esposas, como madres? De acá en adelante, ¿cuál es el momento que estoy esperando en mi vida, en las distintas áreas? Tenemos que trabajar en ese sentido, en saber que la observación de nuestras vidas va a definir la manera en que reaccionamos en la circunstancia presente.

Nuestras almas, nuestras personalidad, el ser que somos, muchas veces está atrapado en esa cantidad de inseguridades, esa cantidad de momentos que no fueron buenos, pero que pasaron. Lo importante es que el tipo de observadora que eres defina en ese momento un futuro mejor; que ese tipo de observadora que eres te haga mirar hacia adelante, y te haga caminar de una manera diferente.

Momentos como esposas

Como en todos los roles de la vida, el de ser esposa tiene dos lados: tenemos nuestras áreas débiles y tenemos que aprender a pulirnos. Es como una escultura que, como decía Miguel Ángel, hay algo que está sobrando. Cuando veía una piedra en bruto, él decía que veía la figura adentro, como si estuviera atrapada, prisionera de esa piedra.

Nuestro rol tiene además dos áreas. En una están los derechos, las cosas lindas y todo lo que nos viene de bueno. Por otra parte están nuestras responsabilidades y obligaciones. Sí, obligaciones, aunque suene feo, es obligación, es la Palabra, está bien en la Palabra que tengamos obligaciones.

Hay cosas a las que estamos obligadas. La cosa es que se han incrustado ciertas palabras como por ejemplo, que algo sea obligatorio. Igual hemos mistificado la palabra compromiso como si fuera casi una mala palabra, como algo que solo lo hago por compromiso, es decir, lo estoy haciendo por obligación, porque lo tengo que hacer.

¿Cuál es el problema? Muchas veces no nos damos cuenta que las obligaciones son gran parte de los tutores que la vida nos pone para poder tener un resultado final más feliz, un resultado exitoso. Entonces no hay que renegar de las obligaciones, sino más bien hay que entender que son parte de la vida, así como las responsabilidades. Son ese espacio de aprendizaje que la vida nos ofrece, y que nosotras mismas podemos tomar y hacer de ellos momentos inolvidables.

Tenemos también nuestros privilegios y derechos. Como esposas son muchos los aspectos que abarcamos. Sin embargo, en esta ocasión mencionaremos los siguientes, que te van a servir como base para preguntarte qué clase de esposa estás siendo o podrás ser.

No hay ningún problema con estar pensando en futuro, por estar pensando quién quieres ser, y guiarte entre quién eliges ser a partir de ahora. El ser esposa tiene que estar en el contexto del amor y si te casaste por otros motivos está bien, eso fue cuando te casaste. Hoy elige estar en el contexto del amor, elige ser feliz. De acuerdo al biólogo chileno Humberto Maturana[40], el amor es un fenómeno biológico básico, y es la emoción que constituye la existencia social.

Vale decir que a partir de la existencia el amor, es que se generan lazos sociales en las personas. La actitud de amor, los momentos de amor, la manera de expresar amor son las que hacen que las personas se relacionen con más facilidad. Sin el amor, como cosa general, no existirían esos lazos sociales. Seríamos individuos como zombies, un mundo para cada persona, una persona, un mundo, y no se relacionan con el mundo del otro.

Como esposas, tenemos que ponernos en ese contexto, tomar esa decisión y hacer esa elección, no dependiendo de las circunstancias, sino basada en nuestros compromisos. Si no pensamos así, vamos a perder la guerra antes de empezar a batallar. Antes de empezar a tomar acción, nosotras tenemos que poner ese contexto, esa actitud.

---

40   Consultado en línea el 19 de agosto de 2015. https://en.wikipedia.org/wiki/Humberto_Maturana

Tú tienes que ser el agente de cambio para ese momento. ¿Cómo serían tus momentos cuando defines qué clase de amante eres como esposa? Porque esta es la distinción en tener un amigo o un esposo. ¿Qué clase de compañera eres? ¿Qué clase de contrincante eres? ¿O eres la que le dice a todo que sí, o la que se pelea y cree que se acabó la relación? ¿Qué clase de atalaya de su corazón estás siendo? ¿Estás cuidando su corazón? ¿Te importa? Si eres de las personas que renuncian inmediatamente cuando las cosas no son como las quisieras, deberías evaluarte.

Quizás deberías preguntarte qué tipo de observadora eres que en ese momento puedes ver que tú eres todo porque eres el atalaya de su corazón. Ese momento no llegará nunca si no dispones tu corazón para que así sea, cuidándolo, eligiendo. Estas cosas que estoy mencionando no son cosas que suceden porque somos así. No son cosas que suceden porque simplemente te educaron de una manera diferente. Son cosas que suceden porque eliges que sucedan, porque quieres que sucedan, porque quieres un matrimonio más feliz, quieres una familia más feliz, más segura, porque quieres un entorno que glorifique a Dios. Porque quieres cerrarle las puertas al diablo para todo lo que quiera hacer en tu vida y en la vida de tu familia. ¿Qué clase de cuidadora de su imagen eres? ¿O no te importa?

Por último, ¿qué clase de amiga de tu esposo estás siendo? ¿Cuáles son los momentos que viven juntos? Sabes que para vivir un momento especial, tienes que tener un proceso especial. Cuando queremos tener un momento especial como el momento de casarnos, tenemos que hacer una preparación previa. Cuando tenemos el momento especial con nuestros esposos a la hora de tener nuestra noche de bodas, tuvimos un proceso previo. Las mujeres necesitamos un proceso previo, aunque no estamos pensando todo lo que tiene que suceder para llegar. Sin embargo, hacemos todo lo que se necesita hacer en el proceso para llegar a ese momento especial, a ese momento único, inolvidable.

𝒫ARA VIVIR UN MOMENTO ESPECIAL, TIENES QUE TENER UN PROCESO ESPECIAL.

Esos momentos te ayudarán a definir quién serás mañana, pasado mañana y tras pasado mañana. ¿Qué año tendrás, qué vida tendrás como esposa?

MOMENTOS COMO MADRES

Muchas veces y desde el primer momento en que uno se entera que va a ser madre, una pasa por diferentes etapas. La primera ecografía es un momento único. El momento del parto es un clímax que no tiene comparación con nada. Los dolores, cosas que tuviste que dejar de hacer, que sacrificaste, o que tuviste que hacer por el embarazo, ya no tienen importancia. Siempre los momentos especiales de tu vida van a borrar cualquier amargura que haya sucedido. Hay precios que pagamos en la vida para algunos momentos, hay muchas lágrimas que derramamos para una sonrisa, pero vale la pena como madre porque hay cosas que no olvidarás jamás, que se grabarán en lo más profundo de tu corazón.

Están guardados como un tesoro único, como un tesoro que te define como madre. Esa felicidad que brota por la relación con los hijos es tan única que te renueva, te resetea para que empieces al otro día a hacer lo mismo de la misma manera o mejor. Por muchas cosas que sean importantes en nuestras vidas o en las vidas de otros, siempre nuestros hijos pasarán a ser una prioridad. Pero eso depende del tipo de observador que seamos nosotras. Definimos qué vamos a mirar y qué no vamos a mirar; a qué le damos importancia y a qué no le damos importancia.

Tenemos momentos en nuestras vidas en que miramos a nuestros hijos y no necesitamos que sean destacados en algo para que nos den felicidad. No necesitamos que sean los mejores deportistas, o alumnos, ni los más populares. Para nosotras, son populares.

MOMENTOS COMO EMPRESARIA

Todas tenemos sueños, pero muchas veces no pensamos en grande. Estamos distraídas, tenemos una manera de pensar que es circular. Nosotras miramos alrededor, buscamos alrededor, trabajamos con todos los detalles que hay alrededor nuestro. El hombre es más lineal y no entra en detalles porque no le interesan. Nosotras le decimos: "¿Y la parte interesante?". Los detalles es la parte interesante para nosotras; es lo que nos compone. Muchas veces como empresarias no buscamos esos momentos que nos quitan el aliento, porque como madres y esposas nos hemos volcado tanto hacia afuera que llega un momento que nos olvidamos que teníamos un sueño personal. Esto afecta a tu familia porque tú estás allí, porque vas a recibir un dinero para aportar, y porque vas de esa manera a ser una líder diferente, una persona diferente.

Todo lo que viviste como mujer soltera tuvo un clímax cuando lo comociste a él, que se convierte en el hombre de tu vida, el que hace junto contigo que tu historia cambie. Dice la Biblia que no dejen de pedir porque va a llegar el momento que será inolvidable. Va a llegar ese momento único y quizás irrepetible. Sacaría el quizás, porque ya tendrás otro momento, pero no eres la misma y las circunstancias tampoco serán las mismas.

MOMENTOS DE PASIÓN

Hay momentos de pasión que tenemos que aprender a llevar adelante, a ponerle el marco correcto porque el problema con la pasión es en qué recipiente la pongo. Si no tengo un recipiente correcto, entonces la pasión se desborda y se desvanecerá. Este es el mejor momento para aprender a disfrutar esos momentos de pasión y a generarlos. Tenemos que atrevernos a vivir la vida con pasión, a tener esos momentos que no solamente puedes disfrutar tú, sino que enciende a otros como si fuera combustible, que ayuda a otros a encender su pasión por aquellas cosas buenas, lindas.

𝒯ENEMOS QUE ATREVERNOS A VIVIR LA VIDA CON PASIÓN.

La pasión no es solamente sexual. Es la pasión por la vida, por la felicidad, por los logros, por la amistad. Es la pasión por disfrutar de cada cosa que haces en tu vida, por convertir tu vida en cantidad de momentos inolvidables, y que no solo sea una cantidad de minutos que se acumulan, que sea un lugar que ha pasado por ti y que tú no has pasado por él. Es pasar por esta vida dejando una huella especial de una forma particular y única.

MOMENTOS COMO HIJA DE DIOS

Vivir tus momentos como hija de Dios es totalmente fuera de los moldes. Como hijas de Dios, nosotras tenemos que buscar nuestros momentos de encontrarte con Dios. Esos momentos te proveen un estado especial que pueden hacer que tu vida sea completamente diferente. Nosotras como mujeres podemos hacer un cambio de rumbo en nuestras vidas. Cada vez que yo ajusto el timón de mi vida en las manos de Dios, y busco vivir la vida desde esos momentos especiales que sé que me definen, elijo quién voy a ser en el futuro y empiezo a trabajar esos momentos especiales en mi vida que no van a ocurrir por casualidad.

Hay momentos en tu vida que los eliges, los diseñas, haces que sucedan. Hay cosas en la vida que no puedes evitar tener, como circunstancias, y cosas que ocurren que salen del deseo o del bienestar. Pero podemos evitar relacionarnos de una manera equivocada. Podemos relacionarnos de una manera poderosa y buscar en el punto clímax el momento de mi vida en que vuelvo a ser exitosa. Siempre habrá situaciones, pero estar abajo es la oportunidad para subir, y es ahí donde puedes diseñar tu éxito.

Elige tus momentos, disfrútalos y sé que Dios te ayudará para que esos momentos sean los momentos especiales, y sean esos momentos que te quitan el aliento los que harán de tu vida una vida más exitosa. Te invito a que diseñes, que confíes, que estés generando, pensando, visionando esos momentos especiales que quieres vivir. Define el área y ten la claridad de qué es lo que quieres alcanzar. Esos momentos son los que nos hacen una vida feliz. A partir de de hoy, puedes cambiar el rumbo de tu vida a una vida llena de amor porque eso lo elegiste tú.

DEFINE EL ÁREA Y TEN LA CLARIDAD DE QUÉ ES LO QUE QUIERES ALCANZAR.

CAPÍTULO 12

*C*ÓMO MANTENER LAS PRIORIDADES CONFORME A LOS COMPROMISOS MAESTROS

"*D*eléitate en el Señor y Él te concederá los deseos de tu corazón. Entrega al Señor todo lo que haces. Confía en Él y Él te ayudará.*"*[41]

Como mujeres protagonistas, debemos tener la suficiente claridad acerca de nuestras prioridades. Entendemos por prioridad aquellas cosas que van primero, ya sea en tiempo o en importancia. Lo que necesitaremos para poner prioridades será darle a cada cosa su valor, y establecer la urgencia o vencimiento de plazo, sea por horario o por necesidad.

En un tiempo de corridas y donde todo debe hacerse urgente y a la vez, aprender a poner prioridades y comprometerte a sostenerlas te ayudará a lograr lo extraordinario en tu vida.

---

41   Salmos 37: 4-5 (NTV)

Muchas veces nos cuesta establecer prioridades porque internamente estamos luchando entre lo que queremos y lo que sabemos que nos conviene. Ponerte prioridades es también hacer elecciones. Eliges qué es primero y qué va después, determinando a qué le das más importancia y a veces más valor, y adaptando el orden de las mismas conforme a las necesidades.

Si divides las prioridades en sujeto y acción, entendiendo por sujeto aquello que le da motivo a tu acción, definirías tus prioridades de la siguiente manera:

1. Dios y tu relación con él
2. Tú misma
3. Tu esposo (si lo tienes)
4. Tus hijos
5. Tu hogar
6. Tu ministerio
7. Tu iglesia

Esta lista que te ofrezco nace de la obediencia a la Palabra de Dios, pero también de la conveniencia, ya que hacer lo correcto no solo está bien, sino trae los resultados que necesitamos. ¡Y qué buena prioridad es hacer la voluntad de Dios!

Tantas veces por los trajines de la vida ponemos a Dios en tercer o cuarto lugar, y eso nos trae consecuencias. Para ser una mujer protagonista que marca diferencia, debes poner primero lo primero.

En el oriente en la época de Jesús, cuando comenzaban cualquier cosa, ponían a Dios primero. En una carta, lo primero que leías era Dios porque los saludos de las epístolas hablan de Dios primero. Si entrabas a una casa, lo primero que veías era el nombre de Dios. Al despertar, buscaban enseñarle a sus hijos que lo primero que debían hacer era pensar en Dios. Era un orden correcto de prioridades.

En Mateo 6:33 (NTV) dice así: *"Busquen el reino de Dios por encima de todo lo demás y lleven una vida justa y Él les dará todo lo que necesitan".*

Mateo 22:37-38 dice que amar a Dios con todo el corazón, el alma y la mente es el primer mandamiento.

Tal vez en este momento estés pensando que es un orden algo egoísta. Puede parecer así, pero creo firmemente que si no te alimentas y te cuidas para dar lo mejor, estarás manifestando un alto grado de egoísmo, porque lo que estés dando probablemente sea lo que te quede. Estarás dando de tu agotamiento, de tu cansancio y tal vez de tu necesidad.

En el versículo 39 en ese mismo pasaje dice: *"Amarás a tu prójimo como a ti mismo"*(RVR 1960).

¡Qué gran responsabilidad! Si mi amor por mí es deficiente, así lo será mi amor por mi prójimo.

La Biblia también dice que tu cuerpo es el templo del Espíritu Santo (1 Corintios 6:19); eso amerita cuidado y atención.

Proverbios 4:23 (NTV) dice: *"sobre todas las cosas cuida tu corazón porque este determina el rumbo de tu vida".*

El hombre y la mujer somos seres tripartitos. Estamos compuestos por cuerpo, alma y espíritu. Así que a la hora de cuidarnos, debemos tener en cuenta estos cuatro focos.

1. Cuida tu cuerpo como templo del Espíritu Santo.

2. Cuida tu alma, tus emociones y ámate a ti misma.

3. Cuida tu corazón (aquí estamos hablando de la parte más íntima de tu mente), aquellos pensamientos que mañana se convertirán en acciones.

Es importante que te des ese lugar para que puedas luego brindarle a otros lo mejor de ti. Recuerda que amarás a tu prójimo como a ti misma. No podemos dar aquello que no tenemos. Es muy normal en las mujeres, especialmente en las mamás, que nos posterguemos para cubrir las necesidades de otros. Es así como nos vamos dejando para lo último.

*N*O PODEMOS DAR AQUELLO QUE NO TENEMOS.

Me gusta el ejemplo que brinda la instrucción para emergencias en un avión. En la situación en que se necesitara usar la máscara de oxígeno, la indicación dice que si viajas con un niño debes ponerte primero la máscara a ti misma y luego atender al niño. Ese orden ofrece las más amplias posibilidades de que todo salga bien, ya que solamente si tú estás en condiciones, serás capaz de atender a otro.

Nosotras nos quejaríamos con la aerolínea si tuviéramos que hacerlo, con nuestra mirada u orden de pensamientos de nuestro diario vivir. "Por favor, Capitán, póngale primero la máscara a mi hijo. ¡Se lo exijo! Así es como lo eduqué. Deje todo y cada día para que tenga aire. ¡Si yo me asfixio, no importa; póngasela a él primero"!. Pero la aerolínea te da una instrucción que en los tiempos que vivimos se convierte en un sabio consejo para volar alto como mujer protagonista, y es: "Ponte la máscara tú primero, y luego ponle la máscara a tu hijo". Seguro tú podrás darle más y mejor cuando tú estés mejor.

4. Cuida de tus tiempos de oración. Cultiva tu corazón y tus pensamientos.

Tu esposo como prioridad

Después de ti, Dios te dio a alguien con quien eres uno. Él como individuo y tu relación con él requieren y merecen el tiempo de calidad; no solo tiempo, sino tiempo de calidad.

Estar presente para él en las pequeñas cosas y no solo en las grandes, le mostrarán a él que es importante, que es amado y respetado por ti. Debe ser una prioridad generar y establecer lazos de confianza y de respeto. Recuerda que la comunicación será fundamental. Una relación se basa en las conversaciones que mantengas constantemente; estas la sustentan y la edifican. La falta de ellas debilita y destruye los lazos, así que dedícale tiempo, y usa tus palabras correctamente para edificación.

El amor es entrega, y para llegar a ser quien elegiste ser, debes moverte en estos patrones de pensamiento.

Entregar no es un signo de debilidad, sino una fortaleza de carácter. Ama el que elige, no el que reacciona. Siente el que reacciona, se enoja el que reacciona, se calla el que reacciona, tiene miedo el que reacciona, pero amar con todas las letras, solo se elige. Y ese es el camino de prioridad que debes tener con tu amado.

Esto no significa que te dejes por él, sino que vivas con todo tu amor entregado y floreciendo en cada acto de la vida. Tu relación con Dios, luego contigo misma, y tu relación con tu marido hacen de ti una mujer de Dios protagonista.

En los tiempos de Jesús, las mujeres eran las responsables de que el fuego no se apagara en su vivienda. Más allá del calor que traía o la posibilidad de cocinar en el fuego, significaba la presencia de Dios para esa casa y para ese esposo.

Tu prioridad es que la llama no se apague; mantener viva la llama cada día.

En el libro que escribimos con mi esposo, *Logra lo extraordinario*, hablamos acerca de que la manera de mantener encendida la llama es sacar las cenizas de ayer cada mañana.

*L*a manera de mantener encendida la llama es sacar las cenizas de ayer cada mañana.

Todo lo que hasta ayer fue fuego hoy son cenizas, y debes sacarlas para poner nuevos leños y aumentar el fuego encendido. Así debe ser cada día tu relación con Dios y también con tus seres amados en el ámbito del hacer. Debes prestar atención a las acciones que tomas, teniendo en cuenta que compromiso es una declaración en tu lenguaje, que sostienes con acciones.

¿Pero qué pasa cuando no estás segura y aunque tienes el deseo, tu ánimo se aplasta por la incertidumbre de lo que debes hacer? Cotidianamente te enfrentarás a la decisión entre lo que quieres y la elección de tus prioridades. A veces nos resulta naturalmente claro el camino a seguir. Sin embargo, habrá días en los que no será tan fácil ni tan claro. Es entonces cuando estas preguntas te resultarán muy útiles.

¿Qué quiero que suceda hoy?

¿Quiénes son las personas más importantes en mi vida?

¿Honra esto a Dios?

¿Para qué lo haré?

¿Cuál es el fruto que me dará?

¿A quién beneficia?

¿Me hace feliz, me hará feliz?

Cuando termine el día, ¿era esto lo que quería haber hecho?

COMPROMISOS MAESTROS

El compromiso es una declaración (ocurre en mi lenguaje) que sostienes con acciones. Es una elección, es la causa primera. Son acciones que transforman nuestra relación con el presente y con el pasado, para alcanzar un determinado futuro. Nuestros compromisos son foco de nuestro máximo interés. Son enunciados de aquello que queremos lograr.

Cuando vemos a alguien lograr algo en alguna disciplina, solemos decir que es una persona comprometida con lo que está haciendo. Como ejemplo podrías poner el caso de un deportista exitoso, una bailarina famosa, o un científico reconocido. En general, nos queda claro que este tipo de logros no se alcanza sin compromiso.

Si decimos que estamos comprometidas a la salud, pero no cuidamos lo que ingerimos, nuestras acciones estarían siendo contrarias a nuestra declaración. Por lo tanto, podemos decir que no estamos comprometidas realmente a la salud; más bien estamos comprometidas a la satisfacción del momento.

James C. Selman[42] (fundador de *Paracomm Partners International*, coach ontológico) dice que "compromiso es el material que hace el carácter, es el poder de cambiar las cosas". Personalmente creo que es una definición brillante.

---

42   Consultado en línea el 29 de agosto de 2015. http://www.paracomm.com/about-us/james-c-selman/

*C*OMPROMISO ES EL MATERIAL QUE HACE EL CARÁCTER, ES EL PODER DE CAMBIAR LAS COSAS

Hay diferentes tipos de compromisos. Tenemos aquellos compromisos que nacieron en nosotros con el fin de complacer a otras personas, y otros que surgen a partir de las circunstancias, de necesidades, o deseos. Pero en un nivel superior, hay ciertos compromisos que podríamos ilustrar como si fuera un paraguas o un techo que siempre estará por encima de todos mis compromisos. A estos los llamamos **compromisos maestros.**

Son aquellos compromisos mayores que le dan la dirección a otros compromisos menores; aquellos que no estamos dispuestos a cambiar o a abandonar y que muchas veces definirán el rumbo de nuestras elecciones y acciones.

¿Cómo funciona el compromiso maestro? Veamos el siguiente ejemplo. Podemos decir que una persona está comprometida con una serie de cosas: su trabajo, su familia, sus amigos, enviar a su hijo a la universidad, el dinero, a quedar bien delante de los demás. Lleva adelante sus actividades en relación a cada uno de estos ítems.

Pero una mañana, a pesar de su gran compromiso con el trabajo, ocurre una situación familiar que hace que no pueda cumplir con el otro compromiso. ¿Será pues entonces que no está comprometida con su trabajo? No. Es que hay un compromiso mayor que un "compromiso maestro". Dado su compromiso con la integridad y salud de la familia, la persona tomará una acción diferente a lo acostumbrado. Todas las personas estamos comprometidas con algo. Esto puede estar sujeto a las diferentes etapas y estaciones de la vida.

Es fundamental focalizarse, concentrar tus energías en el objetivo que escojas, pero así mismo debes guardar la quietud de tu corazón. Es muy común escuchar que las mujeres estamos en muchos temas al mismo tiempo. Esto es posible porque somos realmente capaces, y nuestro pensamiento funciona de un modo sistémico en el que todo está relacionado con todo.

Cuando el hombre sale a buscar a alguien para traerlo a nuestra casa y está a cinco millas, le toma aproximadamente quince minutos. Podemos estimar que regresará en alrededor de treinta minutos porque se limitará a hacer aquello que tiene que hacer. En cambio, una mujer saldrá a hacer la misma actividad a igual distancia, con la diferencia que seguramente aprovechará el viaje para recoger el traje de la tintorería, y como le queda de paso irá a comprar el pan (así no tendría que volver más tarde), y para optimizar la salida se ocupará de conseguir las cosas necesarias para el colegio de los niños. De ese modo podemos calcular que ella estará de regreso, siendo bien diligente, entre aproximadamente 60 a 90 minutos.

El problema es que no nos concentramos en una cosa, así que muchas veces terminamos haciendo las cosas a medias, o sin dedicarles la suficiente atención. O tal vez perdimos el punto principal de la situación, que era buscar a alguien para llevarla a un lugar, de modo que a esa misión le quitamos el doble de tiempo. Es de esa manera también que muchas veces invertimos prioridades y perdemos el foco principal del motivo de nuestra actividad.

PERSEVERANCIA

La perseverancia es la firmeza y la constancia en la manera de ser y/o hacer.

Son tantas las cosas que tenemos hoy para elegir hacer, tantas las opciones y las ofertas, que nos resulta muy fácil soltar el objetivo propuesto por uno nuevo. Son también múltiples las actividades que tenemos que abordar diariamente y la cantidad de nuevas ideas que aparecen, que pueden hacer que cambiemos de opinión muy frecuentemente.

Pero ese no es el fondo del problema, sino más bien tiene que ver con nuestra mirada.

En este tiempo en el que todo cambia rápido, todo sucede rápido, y nuestra mirada sobre los tiempos de espera ha cambiado sin que nos diéramos cuenta.

Por ejemplo, cuando tomamos un alimento que queremos calentar, contamos con que solo tomará unos cuantos minutos. Según el tipo de alimento, pudieran ser segundos en el horno de microonda.

Cuando estamos mirando nuestros *emails*, si alguno tarda más de cinco segundos en abrirse realmente sentimos que todo está demasiado lento. Cuando enviamos un mensaje de texto y la persona no nos responde dentro de los próximos cinco minutos, sentimos que no estamos teniendo respuesta, ya que se demora demasiado. Estos son nuevos paradigmas de este tiempo.

Eso nos lleva a que la paciencia se encuentra un poco devaluada, pues demasiada paciencia nos demoraría y no sería conveniente. Desde esta perspectiva, la perseverancia posee un sentido debilitado. Sin embargo, nada de esto se sostiene ante la evidencia del fruto de alguien que persevera, ya que la perseverancia es un esfuerzo continuo que se hace para alcanzar soluciones a las dificultades que pudieran surgir.

Algunos de los beneficios de la perseverancia es que nos ayuda a obtener fortaleza y a desarrollar el carácter. Ser perseverantes nos ayudará a confiar en nosotras mismas y nos brindará madurez. Perseverar muchas veces requiere el desafío de enfrentarnos a nuestros temores y la decisión de cumplir con esta tarea sea cual sea.

*U*NA MUJER PROTAGONISTA PERSEVERA EN MANTENER EL FOCO.

Una mujer protagonista persevera en mantener el foco, sabe que eso no la debilita, y que la constancia la hará desarrollar un carácter más fuerte para estar lista para cualquier situación.

COMPROMISO VS. EXPECTATIVA

Una expectativa es algo que esperas que podría ser razonable bueno. La expectativa indica una pasividad porque lo que haces es esperar que algo suceda, o recibir algo que asumes que debe ser así. Cuando esto no ocurre te encuentras desilusionada, desanimada, y muchas veces enojada.

El hecho de tener una expectativa no necesariamente significa que alguien se hubiera comprometido a cumplir con aquello que esperas. Lo que se espera no depende de ti, sino del cumplimiento de otras personas. Por lo tanto, está fuera de tu control.

En cambio, el compromiso depende de ti. Tiene que ver con una declaración que tú misma hiciste que deberías sostener con acciones. Es una actitud proactiva que tú controlas y eliges cumplir. Ahora que tienes estas distinciones, estoy segura de que te serán útiles.

Quiero invitarte a que seas feliz. ¡Hazlo una prioridad! Vive bendecida disfrutando de las pequeñas y las grandes cosas. No temas más al futuro; diséñalo y entrégaselo a Dios.

Ama, abraza, ríe, canta, baila, busca a Dios en todas las cosas, porque solo tú puedes hacer de este día un día maravilloso, y regalarle este presente a los que amas.

¡Vive amando! Es contagioso. ¡Sé una mujer protagonista!

CAPÍTULO 13

CUIDA DE TI

Era una chica sencilla de campo, muy joven y amorosa. Él era un hombre de carácter fuerte, trabajador y carismático. Se conocieron y muy prontamente se casaron.

Ella, como toda mujer, necesitaba ser amada, valorada y protegida. Su padre se había ido cuando ella tenía solo cinco años, al descubrir la infidelidad de su esposa. Simplemente no lo soportó y sin pensar lo que dejaba atrás, se marchó y por muchos años no se supo de él. Ella quedó con su madre y sus hermanitos a cargo (sí, leíste bien ¡a cargo!).

Tenía que hacerlo, ya que su madre salía y por días enteros no tenía noticias de ella. Dependía de su ingenio, y de la caridad y el buen corazón de los vecinos para llevar el día a día.

Con este comienzo en su historia, no es de sorprenderse que ella quisiera salir de su casa lo antes posible y comenzar a vivir la vida que siempre había soñado, con libertad, recursos, posibilidades; y tener por fin a alguien que pudiera cuidarla, protegerla y proveerla.

Muy pronto se dio cuenta que las cosas no serían como las había pensado.

Con el tiempo las cosas se acentuaron cada vez más: su dureza, su inseguridad. Por un lado, cada vez expresaba menos cualquier clase de afecto. Por el otro estaban el machismo y las actitudes violentas del esposo.

Pasaron muchísimas cosas entre ellos que no contaremos en esta ocasión. Sin embargo, ella me llegó a decir: "No recuerdo todas las cosas que me pasaron ni todas las cosas que me hizo, pero no lo puedo perdonar por lo que llegamos a ser". Esos momentos la definieron en el desarrollo de la relación futura.

Pero hubo un giro importante en la historia, cuando ellos conocieron al Dios vivo y verdadero. Mientras disfrutaba y pasaba el tiempo atendiendo a sus hijos, prometiéndose cada día que jamás les faltaría a ellos su presencia, su atención y todo lo que pudiera darles, su matrimonio no mejoraba.

Llegaron a ser líderes en una iglesia influyente y mientras crecía la organización, también crecía su resentimiento y sus inseguridades, mientras su autoestima continuaba decreciendo.

Llegó a nuestra organización MétodoCC luego de haber participado en un entrenamiento de coaching presentado en su ciudad por mi esposo Héctor. Lo que recibió aquel día le brindó la esperanza para salir del lugar donde estaba encerrada, cuyas paredes no podía definir y no encontraba la salida.

APRENDER A PERDONAR

Llevaba una mochila grande y pesada en su espalda.

Ya no era una jovencita. La había cargado por muchos años, pero había llegado el momento por el que ella había orado tanto.

Comenzamos el proceso de coaching y todo comenzó a fluir. El panorama comenzó a aclararse hasta que un día lo vio con claridad. Había comenzado a hacerse cargo de su vida, de las decisiones que había hecho, y dejó de culpar a su pasado por su presente.

Conforme el proceso avanzaba, sus cambios eran sorprendentes y maravillosos. Ella comenzó a cambiar su aspecto y sus maneras de relacionarse, y comenzó a ser más expresiva.

Un buen día me llamó con urgencia. Necesitaba hablar desesperadamente. Me preocupé, coordinamos y nos reunimos a la brevedad. Le pregunté cuál era el motivo de su urgencia y si estaba bien.

Ella me contestó: "¡Soy libre, soy libre! Finalmente lo comprendí y pude perdonar a mi mamá y a mi esposo". Me dijo: "El gozo y la felicidad que tengo no caben dentro de mí. Tengo paz y necesitaba decirlo", continuó.

Tuve el privilegio de acompañarla y asistirla en este proceso en el que aprendió a cuidarse a sí misma, comenzando por su corazón y continuando con su apariencia. Su vida dio un giro de 180°. Esta vez había logrado tocar con sus manos aquello que había soñado en su corazón.

CUIDA TUS HÁBITOS

Muchas veces vemos nuestras vidas como producto de las circunstancias, pero no nos damos cuenta que el resultado de esas circunstancias surgió como producto de la manera en que te relacionaste con ellas. En otras palabras: "como producto de tus decisiones".

A veces podría ser un vicio en el lenguaje, otras veces el hábito de no hacerse responsable, pero generalmente cuando no nos hacemos cargo de las decisiones que tomamos o de las cosas que hacemos (especialmente cuando cometemos errores), está relacionado con nuestra autoestima. Las personas que tienen una autoestima saludable saben que pueden decir la verdad aunque sea más incómoda.

Una manera de ganar confianza en uno mismo es cumplir con las pequeñas cosas. Cuando no puedes cumplir con alguna cosa, haces otra cosa que la reemplace. También es saludable para cuidar tus hábitos dedicarle atención a no hablar mal de los demás. Debes construir hábitos saludables en integridad. Es tuyo el diseño de hábitos que deseas que vivan contigo y tu familia.

Una manera de ganar confianza en uno mismo es cumplir con las pequeñas cosas.

Hay que diseñar futuro, pero antes de diseñar futuro debes tener en cuenta las siguientes cosas:

1. No le des permiso al miedo.

2. Mira la oportunidad en cada dificultad.

3. Si fuiste herida por el fracaso, solo debes recordar que sigues adelante.

4. No necesitas ser perfecta para estar donde estás.

5. Vive eligiendo, no reaccionando.

6. ¡Anímate a soñar!

7. Ante los momentos de incertidumbre, lo que debes hacer es reforzar tu fe.

"Haz que la gratitud sea tu sacrificio a Dios
Y cumple los votos que le has hecho al Altísimo.
Luego llámame cuando tengas problemas,
Y yo te rescataré Y tú me darás la gloria"[43].

UNA MUJER PROTAGONISTA CUIDA DE SU TIEMPO

El tiempo es un regalo precioso que Dios nos ha dado, y somos completamente responsables por la manera en que utilizamos ese tiempo. Particularmente no me gusta perder tiempo. Más bien procuro ser productiva, así que me esfuerzo por organizarme, y agendar cada cosa. Eso me permite acomodar las prioridades y asignar un horario a cada actividad, aunque no siempre logro hacer lo que quiero o me propongo, cuando lo quiero.

Año tras año pude ajustar y acomodar cada vez más mis actividades para aumentar mi efectividad y disminuir el estrés de las corridas. Así que considero que estos consejos que puedo darte te ahorrarán una gran parte del camino para que puedas disfrutarlo más.

Discierne tu necesidades emocionales, mentales, espirituales y físicas, y asígnale un tiempo a cada una de estas cosas. Me resulta sumamente útil tener en la agenda, al comienzo de mi semana.

- Una lista de oración.

- Una lista de personas con quienes me voy a relacionar. Selecciono entre lo personal, lo laboral y las amistades.

- Mis metas para esa semana. Pienso acerca de lo que deseo de mi semana: cómo quiero que sea y qué quiero

---

que suceda. Genero una visión de ella.

- Mis obligaciones y compromisos. Aquí incluyo todo lo que tiene que ver con el trabajo y otro compromiso que ya haya surgido.

- Compromisos financieros. Tomo la lista que hice al comienzo del mes y selecciono esa semana. Entonces hago una proyección de los compromisos de pago y las posibilidades de ingresos.

- Actividad con la familia. Me gusta mucho ser espontánea y disfruto de hacer cosas con mi familia. Por eso busco planificar estos espacios y no simplemente esperar que surjan. Aquí también pondré cosas como cumpleaños, y por ejemplo, presentación de canto de Abigaíl (mi hija menor) y cena en su restaurante preferido.

- Cosas concernientes a mi cuidado personal. Aquí deberé incluir las cosas relativas a la estética y la salud.

Hubo una etapa de mi vida en la que consideraba un mal uso de mi tiempo distraer mis horas en el arreglo de mi cabello, mis manos y mi arreglo personal. La verdad es que si tienes un objeto valioso en tu hogar seguramente lo tienes limpio, cuidado, lustrado y en un lugar seguro. ¿Cuánto más deberíamos hacer con nosotras mismas?

- En cuanto a la salud, no solamente hablo de las visitas médicas cuando sean necesarias y los controles de rutina, sino también cómo te alimentas y que cuentes con un descanso reparador.

- Y cosas recreativas. Esta es una de las partes más importantes que quiero diseñar cada semana, ya que aunque tengamos el deseo de pasarla bien, si no buscamos intencionalmente un tiempo en nuestra agenda, es probable que nos coman las circunstancias emergentes. Entonces aquí es donde ponemos énfasis en divertirnos, relacionarnos, despejarnos, pasear.

Eso me permitirá distribuir las actividades en la semana y luego acomodar cada día, de modo que pueda hacerme el tiempo para cada cosa.

Claro que pareciera que después de todo esto no voy a tener tiempo de absolutamente nada más. Sin embargo, la idea no es sobrecargar la agenda, sino más bien ordenarla. Es importante que tengas tiempo para cada actividad y cada persona importante, en un orden correcto.

Algo clave que he aprendido y te evitará muchos dolores de cabeza es que tengas un margen para cada cosa que haces: margen en el tiempo, margen en tus conversaciones, margen en tus gastos, de modo que no estés siempre ajustada y puedas disfrutar de todo.

Hay personas que son de acción y otras de planificación.

Las personas de acción son aquellas a quienes les gusta estar siempre haciendo algo, que cuando tienen tiempo libre se ponen en movimiento, pero cuando tienen que leer y reflexionar, sienten que van a perder tiempo.

Las personas de planificación, en cambio, toman tiempo para pensar, para leer y reflexionar, y no sienten que están perdiendo el tiempo. Por el contrario, están cómodos en esa situación.

Si eres una persona de acción, seguramente te resultará incómodo implementar todo lo que te acabo de decir acerca de la agenda. Si perteneces al grupo de planificación, te costará llevarlo a cabo. Así que será saludable que en ambos casos te salgas de tu extremo e incorpores una dosis de la otra parte.

Tu planificación te ayudará a trazar el camino, la brecha entre lo que tienes en el día de hoy y lo que quieres lograr al final de la semana o del mes. Toma tiempo de lectura, oración y comunión con Dios. En silencio, la reflexión nos ayuda a restaurarnos y a estar preparadas para el siguiente paso.

Busca las cosas que tienen que ver con propósito y usa tu tiempo sabiamente.

LA MUJER PROTAGONISTA CUIDA SU CORAZÓN

"Deléitate en el Señor y él te concederá los deseos de tu corazón. Entrega al Señor todo lo que haces; confía en él, y él te ayudará."[44]

¡Dios conceda los deseos de tu corazón! Esa es una promesa de parte de Dios cuando tú te deleitas en Él. Por eso es útil y prudente que te preguntes qué hay en tu corazón hoy. ¿Cuáles son tus anhelos? ¿Cuáles son tus pasiones?

Escucho personas que no hacían ciertas cosas con la excusa de que "no estaba en su corazón".

Además de vivir en una cultura donde se valora más lo que se siente que lo que se cree, la pura cuestión es que si no está en tu corazón es porque o no lo pusiste allí, o no lo dejaste entrar. Si quieres tener resultados de bendición, debes buscar la bendición.

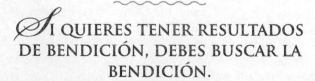

*S*I QUIERES TENER RESULTADOS DE BENDICIÓN, DEBES BUSCAR LA BENDICIÓN.

De las cosas que debemos cuidar, la más importante, que está por encima de nuestro cuerpo, de nuestra imagen, de nuestras finanzas, de nuestras pertenencias, de nuestras relaciones, es nuestro corazón. Recuerda que nuestro corazón determinará el rumbo de nuestra vida. Así que te animo a que acciones para planificar y planifiques para accionar.

Considero que nuestra vida es como un jardín hermoso creado por Dios y cuando Él me lo entrega, yo debo cuidar de quitar las malezas y regar las flores cada día, darles la luz necesaria, y muchas veces la sombra que requieren. Es un hermoso trabajo de constancia de amor y atención.

Del mismo modo que cuidas cada detalle de tu entorno familiar es como debes cuidar cada detalle de ti misma. Tú como mujer protagonista mereces lo mejor. Así que no mezquines lo que haces para ti y tu cuidado. Brillar es sacar la luz que hay en tu interior. De otro modo sería reflejar, que es simplemente duplicar la luz de otros. Y Dios no te ha llamado simplemente a reflejar, sino a brillar. ¡Que salga lo mejor de ti! Recuerda que Dios dio a su Hijo por ti.

Capítulo 14

La protagonista y su relación con su fe

Una mujer protagonista es una mujer de fe, entendiendo la fe como una actitud constante en tu vida, y como un desarrollo personal de crecimiento continuo. La fe te lleva a nuevos momentos, a nuevos lugares, y a saber que eres protagonista para ayudar, para bendecir, para marcar la diferencia. Déjame mostrarte algunos ejemplos de fe que han tocado poderosamente mi corazón.

Tu actitud frente al perdón

"¡No me interesa ayudar a nadie allí! ¡Solo quiero que tu juicio caiga sobre ellos y destruyas esa ciudad!" (paráfrasis de la autora), le exclamó Jonás[45] a Dios, bien enojado.

El Todopoderoso le había enviado a proclamar su nombre e invitar a sus moradores a arrepentirse de todo mal. ¡Y sí que había mal!

Nínive era la capital del Imperio en ese momento. Su urbe era

---

45 Ver Jonás 1 en adelante

inmensa y se le conocía por su rudeza, su impiedad y su trato perverso. Las niñas que superaban la cuota de natalicio impuesta eran matadas por sus propios padres, arrojándolas recién nacidas contra una pared. ¿Quién merece misericordia después de esto?, pensaría Jonás ante el pedido ilógico de Dios de darle a Nínive una oportunidad de salvarse de la ira. Pero Dios lo había enviado a esa ciudad.

Nínive era una ciudad violenta. En la Biblia, Jonás existe para que sepamos que no hay ciudad ni persona, por más mala que sea, por más violenta que sea, por más perversa que sea, que no pueda recibir la misericordia de Dios. Y Jonás fue a esta ciudad como un símbolo para todos nosotros, hombres y mujeres comprometidos, para que digamos: si Dios salvó a Nínive, ¿cómo no va a salvar a mi pueblo?

En ese contexto, Jonás necesitó que Dios lo entrenase. Jonás tenía una mirada muy especial. Así leen los dichos de Jonás en la Biblia. Todos eran bíblicos porque él era un estudioso de la Biblia. Sin embargo, cuando iba a ir a Nínive, solo quería ir para hacer juicio contra el imperio; él quería justicia. Pero la verdad es que si Dios fuera más justo que misericordioso, muchos de nosotros no estaríamos aquí.

Cuando decimos "Dios es bueno", eso es lo que significa. Él quiere el bien para cada persona. Esto nos incluye e incluye a todas aquellas personas que necesitan cambiar y transformarse.

Desde la mirada de Jonás, lo único que Nínive podía recibir era castigo. En lo profundo de su corazón, Jonás se decía: "Voy, pero para castigo". Es por eso que Jonás, al oír el llamado de Dios, se embarcó exactamente en sentido contrario a Nínive desobedeciendo a Dios. Por eso tuvo que pasar situaciones horrendas, ser arrojado al mar y tragado por un pez enorme, para finalmente reflexionar y obedecer.

Al llegar Jonás a la ciudad, les dijo: "Si no se arrepienten dentro de los próximos 40 días, Nínive será destruida". Jonás no llegó a la metrópolis y tocó en la puerta de la casa del rey. Él comenzó influenciando desde la periferia. No hay un solo registro que diga que Jonás fue al centro de influencia o poder de la ciudad. Por el contrario, dice que él comenzó a hablarles la Palabra de Dios en la periferia.

Las personas de los suburbios escucharon la palabra de Jonás; que si no se arrepentían de sus males en 40 días, ese pueblo sería destruido. Y comenzaron a ayunar, a orar, a reclamar y a arrepentirse. Al punto tal, que esto llegó a los oídos del mismo rey que eligió igual que su pueblo: arrepentirse. Los habitantes de aquella ciudad condenada a vivir en la ruina hicieron, con su nueva actitud personal de relación con el Todopoderoso, que fuera levantado el juicio de parte de Dios que existía sobre ellos.

Puede ser que Dios te esté diciendo luego de leer estas líneas: "Es tiempo de perdonar y hablar para que me conozcan y sepan lo que acontecerá, para que puedan arrepentirse y cambiar sus caminos". Puede que lo primero que se te ocurra sea: "¿Dios, perdonar a ese que hizo tantas cosas horribles en esta ciudad o en mi vida? No, Dios. ¡Castígalo!" . Dios seguro te dirá: "Ve, porque mi misericordia es más grande que su pecado".

Quizás te encuentres leyendo y Dios te diga: "Quiero que seas testimonio para este mi pueblo porque mi misericordia está por encima de todo juicio".

Quizás te encuentres en momentos donde tu mirada sea diferente a la de Dios mismo, como le pasó a Jonás. Pero no dudes en escuchar su voz. Porque Dios todavía tiene grandes cosas para el lugar donde vives y te toma en cuenta porque eres importante para Él.

Dios requiere que pensemos en cada lugar en el que pisan nuestros pies. Hemos sido llamadas a influenciar poderosamente en la tierra, en la ciudad, en el país donde vivimos, comenzando por nuestro propio hogar, dando lo mejor de nosotras, siendo capaces de perdonar y caminar con fe.

Siempre me gusta asegurarme que estoy entendiendo los términos de los que estamos hablando, así que cuando hablo de fe, según Hebreos 11:1 (NTV), *"La fe es la confianza de qué en verdad sucederá lo que esperamos; es lo que nos da la certeza de las cosas que no podemos ver"*.

Creo que es la mejor definición de esta palabra y no se encuentra en el diccionario, sino en la Biblia.

EL CASO DE ANA Y SU FE

Estaba casada con un hombre llamado Elcana, pero él también tenía otra esposa llamada Penina. Penina tenía hijos, pero Ana[46] no. Él era un hombre de oración y dice la historia que él amaba a Ana. Penina se burlaba y se reía de Ana porque no tenía hijos. Cada año cuando subían al tabernáculo, la irritaba al extremo, por lo cual Ana lloraba y no comía. Su esposo le preguntaba: "¿Por qué lloras? ¿Por qué no comes?". Él no podía comprender el inmenso dolor que tenía Ana en su corazón.

Ana comenzó a derramarle su corazón a Dios. Ella estaba profundamente angustiada, y lloraba con amargura mientras oraba a Dios de esta manera: *"Oh Señor de los Ejércitos Celestiales, si miras mi dolor y me contestas mi oración, y me das un hijo, entonces te lo devolveré. Él será tuyo durante toda su vida"*.

Ella estaba totalmente entregada a la oración, y concentrada pidiéndole a Dios con todas sus fuerzas que le diera un hijo, a tal punto que el profeta que la estaba observando de lejos, pensó

---

46   1 Samuel 1:1-24 (NTV)

que estaba borracha.

Pero Ana le contó que no estaba borracha, sino que estaba completamente atribulada. El deseo más grande de su corazón era ese hijo que no tenía. Era también algo imposible que no estaba en sus manos; ella no podía resolverlo por sí misma.

Elí, el profeta, le dijo: *"¡Ve en paz. Que el Dios de Israel te conceda lo que le has pedido".* Ana le agradeció muchísimo y se fue. Es significativo que a partir de ese momento, Ana comenzó a comer de nuevo y ya no estuvo triste.

¿Qué había cambiado? La historia cuenta que Penina la molestaba cada año; era una constante. Ana era burlada permanentemente porque se había convertido en su rival y buscaba hacerla sentir mal. Sin embargo, algo había sido restaurado en Ana, algo había sucedido; Ana no era la misma. A partir de ese momento, ella supo con certeza que Dios concedería su oración. Estaba convencida ya de que aquello que aún no veía, pronto sería una realidad.

Ana llegó a creer profundamente que Dios sería poderoso para cumplir el objeto de su oración, así que se lo entregó completamente. Le entregó su angustia, le entregó su dolor. Ella derramó toda su carga delante de Dios.

Al día siguiente, al levantarse por la mañana, adoraron delante de Dios y luego volvieron a su casa. Poco tiempo después, Ana tuvo su hijo tan deseado, tan amado. Su oración había sido respondida. En contra de todas las probabilidades, Ana había dado a luz un hijo a quien dedicaría para la gloria de Dios. Lo que era imposible en sus manos era posible para Dios.

Ella pudo haberse lamentado durante toda su vida, resignándose a la angustia, al dolor y a la burla. Podía haberse justificado y haber vivido como víctima. En cambio, ella acudió al Dios de los imposibles, sabiendo que no hay ninguna circunstancia lo suficientemente difícil que Él no pueda arreglar. Ella entendía que Dios en su soberanía y su gran amor, siendo capaz de darlo todo, haría las cosas en el momento correcto. Ana se convierte en protagonista a partir de ese día, cuando de rodillas delante de Dios, eligió creer al Todopoderoso para obtener la victoria.

LA FE ES UN ANTÍDOTO

La fe puede ser el antídoto contra tu ansiedad. Cuando desarrollamos confianza en las promesas que recibimos, esperamos con certeza y convicción. La confianza es un juicio que fundamos en las evidencias que encontramos en la persona o situación. Confiamos en base a lo que conocemos y/o en base al cumplimiento de algo que se nos ha prometido previamente. Por eso la Biblia dice que la fe es por el oír de la Palabra de Dios.

*L*A FE PUEDE SER EL ANTÍDOTO
CONTRA TU ANSIEDAD.

Por otro lado, edificamos una manera de ser que confía o que no lo hace. Somos personas que confiamos cuando hemos vivido o percibido una respuesta positiva a eso, que fuese o no, lo vivimos con una promesa. Hay situaciones en las que somos acusados por quienes deben defendernos, o abusados por quienes deben protegernos, o engañados por quienes han obtenido el crédito inicial de nuestra inocencia. Todo esto va construyendo en nuestro interior un juicio de confianza o de desconfianza. La buena noticia es que un juicio siempre se puede modificar. Por lo tanto, hoy puedes cambiar y edificar tu fe.

¿Por dónde empiezas? Toma tiempos de lectura de la Biblia

para que conozcan las maravillas de Dios y veas todo lo que ha hecho. A través de ella podrás conocerlo más, entenderlo más, y quererle más.

"Pero los que desean jactarse que lo hagan solamente en esto: en conocerme verdaderamente y entender que yo soy el Señor quien demuestra amor inagotable, y trae justicia y rectitud la tierra, y que me deleito en estas cosas"[47].

Ese es el Dios en quien puedes confiar, pero hace falta conocerlo y tener intimidad con Él, así que también dedícale tiempo a la oración, que es tu comunicación con Él, que como en todas las relaciones, será fundamental. Conéctate con las maravillas de la creación, porque aquel que fue capaz de crear los cielos y la tierra cuando no existían, puede hacer por ti cualquier cosa que necesites. Él quiere que lo busques, quiere proveerte, protegerte y amarte. Pero si le quieres agradar, debes tener fe. Como dice Hebreos 11:6 (NTV): *"De hecho, sin fe es imposible agradar a Dios. Todo el que desee acercarse a Dios debe creer que él existe y que él recompensa a los que le buscan con sinceridad".*

TIEMPO DE MILAGROS

Dios diseñó cada día para ser vivido de una manera especial. Déjame contarte algo que me ayudó a vivenciar que los milagros existen, que debo reconocer a cada ser amado que tengo a mi lado, y que no hay nada más bello qué el apoyo de la familia y la fe.

Era una tarde de lunes que se presentaba prometedora, desafiante y con muchísimo trabajo. Todo el día de llamados, de sesiones de coaching y de diseño de nuevas acciones nos hacían suponer que esa sería una gran semana.

---

47   Jeremías 9:24 (NTV)

Recién habíamos regresado de un viaje poderoso donde Dios había hecho milagros y maravillas, y muchas personas en toda Latinoamérica se sumaban al MétodoCC.

Te puedo decir que era de esos días a los que nada le faltaba. Estábamos plenos. Nuestra organización latía pujante al ritmo de cada uno de las personas que habían elegido ir por más, lograr lo extraordinario con la bendición de Dios.

Te diría que era un lunes de aquellos que me gusta soñar que suceden con cada uno que amo y por quienes oro.

Todavía era tiempo de vacaciones escolares y estábamos buscando un nuevo colegio para nuestra hija menor. Salí una vez más con una amiga y su hija para visitar un colegio cristiano que nos habían recomendado.

Esa mañana había llovido y aunque el sol se estaba asomando, el suelo todavía estaba mojado y los sectores de tierra se habían convertido en los lugares más resbalosos en su exterior.

Abi corriendo con su amiguita se chocó contra un alambre, pero sin mayores consecuencias que un pequeño moretón en su pierna izquierda y un poco de barro en su ropa. Terminamos la visita guiada por el colegio, ambas evaluando si sería una buena opción para nuestras hijas. Salíamos ya para disfrutar de un almuerzo temprano y fue entonces cuando mi amiga me invitó a ver su nueva casa que acababa de comprar. Fuimos para allá.

Visitamos los sectores de la planta baja pensando cómo ubicaría las cosas y las reformas que se podrían hacer, ya que la casa necesitaba ciertos ajustes. Luego nos dirigimos a la planta alta y las niñas, aburridas de nuestra conversación, salieron al parque. Minutos después creí escuchar la voz de Abigaíl llamándome. Un grito seguido por un silencio…

Mi corazón se aceleró, miré por la ventana y bajé corriendo las escaleras antes que pudiera llegar al frente de la casa. La amiguita en otro grito desesperado me dice: "¡Laura, la atrapó!". Abi quedó debajo del portón. Corrimos hacia allí y en un eterno segundo le pedí ayuda a mi amiga, levantamos el portón y sacamos a la niña de allí abajo. Sus ojos estaban abiertos, pero no había ni un solo movimiento en ella. En ese momento clamé a Dios desde lo más profundo de mi corazón, pidiendo por la vida de mi hija y su absoluta restauración. Inmediatamente llamamos al servicio de emergencias para la ambulancia, pero esta no llegaba. No podíamos esperar, tenía que hacerla ver, necesitaba que la atendieran. La levanté con mucho cuidado, rogando a Dios para que la protegiera de toda consecuencia.

Eran muchas posibilidades negativas. Yo no quería considerar ninguna de ellas, pero estas posibilidades invadían y atacaban mis pensamientos, mientras oraba en voz alta y hablaba alentando a mi niña a confiar en el poder de Dios. Un Dios que yo conocía en carne propia y también había visto en acción días antes en las vidas de otros, que había hecho tanto, Él podía también proteger a mi hija.

Es curioso cómo nos maravillamos ante los milagros, pero ¡cuánto nos cuesta estar en situación de necesitarlos! Todos queremos ver un milagro, pero nadie quiere pasar por la situación que lo requiera.

Camino al hospital, llamé a mi esposo.

"¿Qué pasa, amor, qué sucede?", me respondió.

"Abi", le dije, refiriéndome a nuestra hija menor que en ese momento tenía 7 años, "quedó debajo de un portón que cayó encima de ella. ¡Por favor, ven pronto!", le pedí entre sollozos y gritos detrás mío. Un portón de 400 kilos se salió de su eje justo cuando Abi pasaba y la dejó aprisionada debajo de él.

188 UJER PROTAGONISTA

Llegamos al hospital lo más rápido que se pudo. Los médicos la inmovilizaron y comenzaron a hacerle todo tipo de estudios. Cuando mi esposo llegó, estaba encima de una tabla, sin hablar y conectada a una cantidad de cables.

La incertidumbre era grande y la espera por el diagnóstico de ese regalo que Dios nos había dado el privilegio de educar y ver crecer a nuestro lado se hacía eterna.... y ese amor hasta me dolía en el cuerpo al pensar que podría no estar más conmigo.

Eso me llevó luego a reflexionar cuánto tiempo pasamos sin decirle a los seres que amamos todo lo que los amamos, sin pasar tiempo de calidad con ellos, absorbidos por las corridas diarias. Y aunque tal vez coincidas conmigo que aunque el motivo de nuestra carrera son nuestros seres amados y los que tantas veces le dan sentido al esfuerzo y a la milla extra, también son lo primero que dejamos de disfrutar por seguir respondiendo a la demanda que nosotras mismas nos establecimos.

Es en esos momentos en los que quedamos cara a cara con la posibilidad de no tenerlos, que hace evidente la necesidad de recaudar nuestras prioridades.

Estábamos destrozados. Nuestra pequeña sepultada debajo de 400 kilos y nosotros en un mar de incertidumbre. En medio de los estudios, de las tomografías, orábamos y orábamos a ese Dios maravilloso. Entre medio de nuestros sollozos comenzaron a sonar los teléfonos. Mensajes de texto, llamados, mails que nos contaban de los cientos que se habían sumado a orar por la vida de nuestra hija. Desde Argentina cada uno de los miembros de nuestra iglesia estaban ya en cadena de oración, así como personas de diferentes países que Dios nos había llevado en el último tiempo.

Luego que sucedió todo, pude volver a reconocer lo clave que es para la vida de una persona su iglesia, vivir entre medio de

hermanos que pueden elevar sus corazones al cielo en busca de
sabiduría, de misericordia y de poder. Este tiempo me enseñó
cuánto necesito de cada uno de esos seres que forman parte de
la Iglesia.

MILAGRO

Estuvo dos días internada. Le hicieron todo tipo de estudios. La
observaron más de 15 médicos desde que llegó a la guardia de
emergencia hasta que salió. Y sucedió el milagro. ¡Estaba totalmente sana!

Los médicos no podían entender cómo ante tamaña presión ni
siquiera tenía un rasguño, ni un hueso fracturado ni una hema-
toma. En realidad solo presentaba un pequeño moretón en su
pierna izquierda, y en ese momento Abi intervino recordando
que esa marca se la hizo con un alambrado en el colegio.

Un médico que no nos conocía me dijo: "Se salvó de milagro.
Tiene un Dios aparte". Nosotros sabíamos que **era un milagro.**
Ese día que había comenzado de manera especial, lo era: ¡Había
nacido nuevamente mi hija! Un milagro que glorificaba a Dios
había sucedido con ella y con todos nosotros.

FE PROTAGÓNICA

Si estás por salir corriendo hacia las circunstancias, déjame decirte que hay algo mucho más grande para vivir este día. Tómate tiempo para recordar el amor que te rodea y a tus seres
amados. Es hora para tomar conciencia de la importancia de los
cristianos con quienes te congregas alrededor de la Palabra de
Dios, y es un buen día para reconocer que los milagros existen.
Dios es grande y quiere hacer de este día un día único.

Le pido a Dios (y a ti) que no tengas que pasar por el sufrimiento profundo que yo pasé para darte cuenta de que necesitas pasar tiempo con tu familia y tus hijos. El tiempo es un recurso no renovable. Jamás tendrás la oportunidad de volver a vivir este día.

Necesitas dedicarles tiempo de calidad a quienes te acompañan en los mejores momentos, y recuerda que los milagros existen, y que hoy puede suceder uno en tu vida. No vivas este día como el último; disfruta porque lo mejor está por venir.

PALABRAS FINALES

¿ERES YA UNA MUJER PROTAGONISTA?

Fuiste a través de esta intensa lectura porque dejaste atrás a la víctima en ti y elegiste convertirte en una Mujer Protagonista. A este punto, ya:

Definiste tu identidad.

Aprendiste a amarte.

Levantaste tu autoestima.

Recargaste tus baterías.

Decidiste no ser perfecta.

Usas el lenguaje correcto.

Generas relaciones sanas.

Tus emociones no te tienen.

Conoces los pilares de tus decisiones.

Construyes los momentos.

Sabes qué tipo de observadora eres.

Mantienes tus prioridades de acuerdo a tus compromisos maestros.

Cuidas de ti misma.

Le das a tu fe el lugar de honra que merece.

Al principio del libro, te expliqué que muchas mujeres oscilan entre ser víctimas parte del tiempo, y ser protagonistas otra parte del tiempo. Tu éxito, tu felicidad, la realización de tu visión dependen de que seas una Mujer Protagonista. Este es un proceso, pero eres tú quien elige ser lo que quieres ser, estar donde quieres estar y llegar a donde quieres llegar. Si por algún objetivo momentáneo eliges en contra de alguno de esos factores que hacen de ti una Mujer Protagonista, elige otra vez con tu mirada puesta en tu visión mayor.

Diseña tu futuro, comprométete con tu visión, y sigue eligiendo con tu mirada puesta desde ese futuro. Deseo con todo mi corazón que vivas la vida como protagonista y disfrutes de todo aquello que Jesús hizo disponible para tu vida.

El fin de algo siempre es el comienzo de algo más. Te invito a que te pongas en acción porque la fe sin obras, sin acciones, está muerta.

Quiero alentarte a que ames cada día; que vivas con confianza y con pasión sin temer al mañana. Dios tiene un gran futuro para ti. Solo está esperando que tú lo elijas.